앤소니 드 멜로

ANTHONY DE MELLO, WILLIAM DYCH, S.J.
ANTHONY DE MELLO
Writings Selected
with an Introduction by William Dych, S.J.

Copyright © 1999 by the Center for Spiritual Exchange
Introduction copyright © 1999 by William Dych, S.J.
Published by Orbis Books, Maryknoll, NY 10545-0308, USA

Translated by SEO Han-Kyoo

Korean translation copyright © 2007 by Benedict Press
Waegwan, Korea

Published by arrangement with Orbis Books, Maryknoll, NY

앤소니 드 멜로
2007년 11월 초판 | 2009년 7월 재쇄
옮긴이 · 서한규 | 펴낸이 · 이형우
ⓒ 분도출판사
등록 · 1962년 5월 7일 라15호
718-806 경북 칠곡군 왜관읍 왜관리 134의 1
왜관 본사 · 전화 054-970-2400 · 팩스 054-971-0179
서울 지사 · 전화 02-2266-3605 · 팩스 02-2271-3605
www.bundobook.co.kr
ISBN 978-89-419-0721-3 03230
값 8,000원

앤소니 드 멜로

[윌리엄 디치 엮음 | 서한규 옮김]

분도출판사

앤소니 드 멜로 ┃ 차례

서문

인도 예수회 사제 앤소니 드 멜로는 말년에 피정과 연수를 지도하며 매년 여름을 미국에서 보냈습니다. 해마다 참가자들의 반응은 열렬했고 그 열기는 점점 더해 갔습니다. 그는 즐겁고 활기차게 응답을 주고받은 참가자들에게 감사하며, 오랫동안 인도에 선교사를 파견한 나라에 와서 그렇게 풍성한 열매를 맺을 수 있다는 사실에 대단히 큰 기쁨과 자부심을 느꼈습니다. 고향 인도와 미국이 이제 서로 선교 활동을 교류하게 되었다는 점에서 무척 행복해했습니다. 단지 지리적 의미에서만 아니라, 문화·영성·신학적으로 동양의 인도와 서양의 미국이 서로 유익한 교류를 하게 되었음을 그는 확신했습니다.

앤소니 드 멜로는 1931년 9월 4일 인도 뭄바이Mumbai에서 태어났습니다. 영국 작가 루디야드 키플링Rudyard Kipling도 뭄바이에서 태어났지만 "동양은 동양, 서양은 서양이다. 그 둘은 결코 만날 수 없다"는 루디야드의 생각에 그는 동의하지 않았습니다. 앤소니 드 멜로는 삶과 교육을 통해 동양과 서양의 만남을 구체적으로 실현했습니다. 그는 로마 가톨릭 신자로 자랐고, 열여섯 어린 나이에 예수회에 입회했습니다. 뭄바이에서 예수회원으로 기본 소양을 교육받고 외국에서 다양한 공부를 했습니다. 바르셀로나에서 철학, 시카고 로욜라 대학에서 심리학, 그리고 로마 교황청 그레고리오 대학에서 영성 신학을 공부했습니다. 그는 어릴 때부터 동양 영성에 친숙했고, 서양에서 풍부하고 다양한 교육을 받은 덕분에 1960년대에는 피정·연수·회의·영성 세미나의 지도자로서 고향 인도는 물론 남미, 유럽, 호주, 일본, 필리핀 등지에서 말 그대로 전 세계적 명성을 드높이게 되었습니다.

그는 인도 푸나Poona에 사다나Sadhana 사목상담연구소를 설립했습니다. 1978년에 첫 책 『하느님께 이르는 길』*Sadhana – A Way to God*을 펴냈습니다. 이 책은 '동양 전통에 따른 그리스도교 수행법'을 소개합니다. 드 멜로는 이 책에서 '하느님은 이미 삶 속에 계신다'는 것을 깨달음으로써 기도할 때 도움이 되는 다양한 영성 훈련 기법과 수양법을 제시합니다. 깨달음과 하느님의 현존을 알아차림으로써 기도는 그 현존에 대한 응답이 됩니다. 이후 9년 동안 속뜻 그윽한 이야기 모음, 영성 훈련, 이야기 묵상과 (좀 더 공식적인 의미의) 묵상에 대해 쓴 책들이 연이어 나왔습니다. 그러나 1987년 6월 4일 그의 나이 쉰여섯, 뉴욕 포담 대학교에서 심장마비로 갑자기 세상을 떠남으로써 왕성한 작품 활동도 끝나고 맙니다. 세상을 떠나던 날 포담 예수회 식당에서 점심을 함께 한 우리는 여느 때처럼 활기차고 힘이 넘쳤던 그의 모습을 기억합니다.

이어지는 선집에서 여러분은 다양한 작품과 식견을 맛보겠지만, 우선 이 서문을 통해 앤소니 드 멜로의 비범한 힘과 영향력 그리고 사람들에게 자유를 만끽하게 해 준 능력의 바탕에는 무엇이 있었는지 고찰해 보겠습니다.

이야기의 힘

스승은 비유와 이야기를 통해 가르쳤고 제자들은 즐겁게 들었습니다. 제자들은 이따금 답답함을 느끼기도 했는데, 뭔가 좀 더 깊이 있는 말씀을 듣고 싶은 마음이 간절했습니다. 스승은 확고부동했습니다. 제자들이 온갖 불평을 해도 스승은 이렇게 말했습니다. "인간과 진리 사이의 가장 가까운 지름길은 이야기라는 것을 언젠가는 알아듣게 될 것이다."

앤소니 드 멜로의 『일분 지혜』(이 책에 역시 「일분 지혜」라는 소제목으로 재구성했다)에 있는 단편들이 그렇습니다. 그는 독자들을 그 지름길로 이끌기 위해 이야기를 사용했습니다. 사람들은 앤소니 드 멜로를 탁월한 이야기꾼이라고 말합니다. 그는 노트도 없이 피정이나 연수 참가자들에게 몇 시간이고 계속 이야기를 들려주며 즐겁게 모임을 이끌어 나갔습니다. 이야기 솜씨만으로 앤소니 드 멜로를 재주꾼이라고 할 수 있지만, 참가자들은 즐거움 이상의 것을 얻었습니다. 바로 이야기의 내용입니다. 그는 이야기를 통해 참가자들을 곧바로 진리로 이끌었습니다.

『일분 지혜』에 나오는 한 이야기는 '이야기보다 더 깊은 것을 갈망하는 사람들의 어리석음'을 보여 줍니다. 어느 설교자가 "하느님을 우리 삶에 모셔야만 한다"라고 주장합니다. 그러나 스승은 대답합니다. "하느님은 이미 거기 계신다. 우리의 일은 그것을 깨닫는 것이다." 이 이야기에 담긴 심오한 진리는 하느님의 현존을 완전히 새롭게 인식할 수 있는 길을 열어 줍니다. 하느님의 현존은 거룩한 시간이나 거룩한 장소에서만 만날 수 있는 단발적이거나 간헐적인 사건이 아닙니다. 하느님은 볼 눈이 있고 들을 귀가 있는 사람 곁에는 항상 계십니다. 이 이야기를 통해 드 멜로 신부가 '깨달음'·'깨어 있기'·'접촉'·'잊어버리기'·'정신 차리기' 등을 강조하고 있다는 것을 알 수 있습니다. 이런 단어는 앞에서 스승이 대답한 것의 다른 표현들입니다. 우리는 '하느님의 현존 안으로 들어가기 위해' 어떤 것을 할 필요가 없습니다. 이미 그곳에 계신 분을 '알아차리기'만 하면 됩니다.

왜 하느님께서는 이미 거기에 계실까요? 하느님은 어디에나 계신다는 추상적이고 철학적인 교의 때문이 아닙니다. 그리스도인의 말을 빌리면 하느님은 모든 사람을 당신 백성으로 사랑하시어 그들과 함께 계시기를 원하십니다. "하느님께서는 세상을 너무나 사랑하신 나머지 외아들을 내려주" (요한 3,16)셨습니다. 우리는 그 사랑을 얻기 위해 무언가 해야 하지 않을까요? 드 멜로나 다른 많은 사람이 어릴 적 받은 가톨릭 교육에 의하면 답은 "그렇다"일 것입니다. 우리는 하느님의 사랑을 받으려면 계명을 잘 지켜야 한다고 배웠습니다. 계명을 어기면 고해성사를 봐야 하고, 그러면 하느님의 사랑을 되찾을 수 있습니다. 그런데 앤소니 드 멜로는 "항상 좋은 일만 있는 것은 아니지?"라고 비꼬듯 말합니다. 우리 중에서 자신의 노력으로 하느님을 기쁘게 해 드리려는 바리사이파 같은 사람을 제외하고는 드 멜로의 말에 공감할 것입니다. 하느님의 사랑에는 조건이 없습니다. 아우구스티누스가 말했듯이 우리가 사랑스러운 이유는 하느님의 조건없는 사랑 때문이지 우리의 노력 때문이 아니라는 말입니다.

드 멜로가 자주 언급했고 우리도 이제 보겠지만, 이 사실을 깨달으면 우리는 자유롭게 사랑할 수 있습니다. 계명을 지키는 일이 중요한 것이 아닙니다. 회개하고 수양하는 것보다 우리를 자유로이 사랑하게 하는 하느님의 현존과 사랑을 알아차리는 것이 중요합니다.

다음 두 가지를 묵상해 보면 앤소니 드 멜로의 더 넓고 깊은 영성을 볼 수 있습니다.

첫째, 드 멜로가 "진리에 이르는 가장 빠른 길은 이야기다"라고 말했을 때, 그가 말하는 진리는 인간의 사고가 만들어 낸 추상적인 진리가 아닙니다. 진리가 말하고 있는 현실의 경험, 즉 그 이야기가 가리키는 현실 속에서 만날 수 있는 구체적인 진리를 의미합니다. 예를 들어, 우리는 하느님께서 모든 사람을 아들딸로서 사랑하신다는 교리적인 진리를 알고 동의하지만, 실제로 하느님께 사랑받는 체험을 통해 아는 것과는 전혀 다릅니다. "너희는 맛보고 눈여겨보아라, 주님께서 얼마나 좋으신지!"(시편 34,9)라고 노래하는 시편 저자나, "진리가 너희를 자유롭게 할 것이다"(요한 8,32)라고 말하는 요한은 교리적으로 아는 것이 아니라 체험해서 아는 것을 우리에게 알려 줍니다. 예수님도 자주 이야기와 비유를 통해 사람들을 가르치셨습니다. 마태오는 "예수님께서는 군중에게 이 모든 것을 비유로 말씀하시고, 비유를 들지 않고는 그들에게 아무것도 말씀하지 않으셨다"(마태 13,34)고 말합니다.

영성 지도자이자 피정 지도자로서 앤소니 드 멜로의 목표는 사람들의 생각을 바꾸는 것이 아니라 그들이 변하는 것이었습니다. 사람들이 진리에 대해 분명하고 확실한 개념을 알기보다 진리를 깨닫기 바랐습니다. 교리의 추상적인 개념을 가르치기보다 이야기의 구체적인 이미지들을 사용하는 것이 그의 특별한 대화 방법이었습니다.

둘째, 모든 진리 가운데 드 멜로의 영성 신학에서 가장 중요하고 핵심적인 것은 그리스도교 전통에서 '탁월한 은총'이라고 불리는 진리였습니다. '하느님과 하느님 사랑은 이미 거기에 존재한다'는 것입니다. 그 현존과 사랑에 대한 깨달음만이 사람을 자유로이 사랑할 수 있게 해 줍니다. 하느님과 사람의 관계에서 주도권은 하느님에게 있으며, 사람은 그에 대해 응답할 뿐입니다. 인생에서 가장 중요한 사랑과 믿음에 대한 결심조차 우리 스스로 할 수 없습니다. 주어지는 것일 따름이며, 그것이 은총입니다. 드 멜로에게 피정의 목표는 도덕적 회심이 아니라 '깨달음'입니다. 깨달음이야말로 행동이 아니라 진정으로 사람이 변할 수 있는 유일한 길입니다. 앞서 언급한 '이야기보다 더 깊은 무엇을 바라며' 스승에게 불평하는 제자들처럼 진리를 깨닫고자 할 때, 진리에 대해 설명하기보다는 이야기를 통해 구체적인 이미지를 보여 주는 것이 진리에 이르는 더 확실하고 빠른 길입니다.

하느님을 아는 것

하느님에 대한 진리를 포함해, 진리에 대한 구체적 이해로 이끄는 이야기의 힘에 대해 지금까지 우리가 한 말에는 인간이 하느님을 알 수 있다는 전제가 깔려 있습니다. 이것은 전적으로 자명한 것이 아니며, 동양이나 서양의 종교 사상에서도 확실히 알 수 없는 문제입니다. 하느님은 다른 피조물과 같은 그런 존재가 아닙니다. 비록 하느님이 '가장 뛰어난 존재'라 하더라도, '가장 뛰어나다'라는 표현조차도 하느님과 다른 피조물 사이의 양적 차이를 의미할 뿐입니다. 하느님은 다른 피조물과 질적으로 다른 분입니다. 하느님은 '완전히 다른 분'이고, 그 질적 차이를 표현하기에는 역부족이지만 다양한 이미지가 사용되었습니다. 하느님은 존재가 아닌, 존재의 근원이라고 사람들은 말합니다. 또 모든 존재는 하느님 안에 존재한다고 말합니다. 이 이미지는 성경에 "우리는 그분 안에서 살고 움직이며 존재합니다"(사도 17,28)라고 표현되어 있습니다.

　하느님의 실재가 다른 모든 존재와 질적으로 다르다면 우리는 다른 존재에 대해 알고 있는 것과는 질적으로 다른 방법으로 하느님을 알 수밖에 없습니다. 그렇지 않고 우리의 지식으로 아는 하느님은 다른 존재와 같은 수준으로 격하될 것입니다. 그런 하느님은 참 하느님이 아니라 인간이 만들어 낸 우상에 불과합니다. 파악하고 이해하는 과정을 통해 유한한 존재를 알 수 있다면, 하느님은 이해하고 파악하는 우리의 능력을 넘어 계시는 분으로 알 수밖에 없습니다. 하느님은 우리가 이해할 수 없는 분, 이해가 불가능한 분, '알 수 없는 분으로 알려진 분', 신비 그 자체이신 분임을 알아야 합니다. 칼 라너가 말했듯이 우리가 이해함으로써 알고 있는 모든 것은 광대한 무지의 바다에 떠 있는 작은 섬에 불과합니다. 분명히 아는 모든 것을 저 멀리 밀어 버리면 그것들은 애매모호한 것이 되어 사라집니다. 점점 더 알면 알수록 우리가 아는 것이 얼마나 없는지 깨닫게 됩니다. 신비나, 기적 같은 놀라운 일에 대한 우리의 감각은, 지식이 증가한다고 해서 줄어드는 것은 아닙니다. 오히려 늘어납니다. 인간은 신비 ― 그리스도교의 말을 빌리면 '하느님'이라는 신비 ― 에서 결코 멀리 떨어져 있지 않습니다. '깨달음'은 우리가 하느님의 실재와 접촉하는 과정입니다.

유비

요점은 이렇습니다. 앤소니 드 멜로는 하느님의 실재가 인간의 생각과 언어를 넘어서며 우리가 이 사실을 간과한다면, 하느님에 대한 이야기가 아무리 숭고하고 거룩한 것일지라도 우상에 대한 무의미한 이야기로 변질된다는 점을 깊이 인식하고 있었습니다. 그는 이것을 동양과 서양의 전통에서 배웠습니다. 서양에서는 인간의 개념과 대비되는 하느님의 초월성을 우리의 지식과 언어의 유비類比적 특성으로 표현합니다. 위대한 『신학대전』을 우리에게 안겨 준 시대, 13세기에 열린 제4차 라테라노 공의회(1215)에서는 창조주와 피조물 사이에는 "그보다 더 큰 차이점을 찾을 수 없을 만큼 유사함이 전혀 없다"라고 가르칩니다. 우리의 모든 개념과 이미지는 유한한 존재에 대한 경험에서 형성되고 구체화됩니다. 우리가 "하느님과 유한한 존재들 사이에는 유사함이 있다"고 주장하면서 유한한 존재에 대한 개념이나 이미지를 하느님께 적용할 때, 오히려 그 둘의 차이는 더욱 두드러집니다. 우리가 하느님을 '그분'이라고 말할 때, 어떤 의미에서 하느님과 인간의 공통점에 대해 말한다고 주장할 수도 있습니다. 하지만 제4차 라테라노 공의회가 가르치는 것처럼, 하느님은 인간과 유사하기보다 차이점이 더 많음을 잊어서는 안 됩니다. 하느님을 '그분'이라고 말할 때, 하느님의 초월성에 적절하지는 않지만 순전히 의인화된 표현으로 하느님에 대해 말하는 것이며, 이는 유다교와 그리스도교 전통에서 중심적인 것이기도 합니다. "내 생각은 너희 생각과 같지 않고 너희 길은 내 길과 같지 않다. 주님의 말씀이다. 하늘이 땅 위에 드높이 있듯이 내 길은 너희 길 위에, 내 생각은 너희 생각 위에 드높이 있다"(이사 55,8-9).

앤소니 드 멜로는 위대한 서양 신학자들이 깨달음 속에서 이 모든 것을 알게 되었다고 말합니다. 토마스 아퀴나스는 『신학대전』 서두에서 이렇게 밝힙니다. "우리는 하느님이 무엇인지를 알 수 없고 하느님이 무엇이 아닌지를 알 수 있으므로, 하느님이 어떤 분인지 고찰할 수 없고 하느님이 어떤 분이 아닌지를 고찰할 수 있다." "알 수 없다"라는 표현은 '부정신학'이라는 신학적 접근법의 그리스어 어원이 됩니다. 부정신학은 우리가 하느님이 어떤 분인지 알 수 없고 하느님이 어떤 분이 아닌지만 알 수 있다는 식견에 근거합니다. 우리는 하느님을 '알 수 없는 분으로 알려진 분'으로 경험합니다. 그 식견은 제4차 라테라노 공의회가 선언했듯이 창조주와 피조물 사이의 '차이점'에 중점을 둡니다. 그에 반해 '긍정신학'은 창조주와 피조물 사이에서 아주 적게나마 존재하는 유사성을 강조합니다. 둘 다 진리지만, 드 멜로는 하느님의 실재가 우리 인간의 불충분한 사고나 언어를 넘어선다는 부정신학에 무게를 두었습니다.

네티, 네티* — 아니다, 아니야

그는 "아니다, 아니야"처럼 동양적 사고와 단순한 언어로 표현된 가치도 배웠습니다. 이는 동양 종교의 전통적 접근 방식이기도 합니다. 우리는 하느님을 '그분'이라고 부릅니다. 이때 "하느님을 인간이라고 할 수 있는가, 없는가?"라는 문제가 제기됩니다. 제4차 라테라노 공의회에서 가르친 '차이점'에 따라 "없다"라고 대답할 수 있습니다. 그렇다고 "하느님을 인간이라고 할 수 없다"라는 결론을 내린다면 그 역시 거짓이며, 제4차 라테라노 공의회에서 가르친 '유사성'에 따라 역시 "아니다"라고 말해야 합니다. 인간에 대한 우리의

---

* 힌두교에서는 이 말을, 인식할 수 없고 말로 표현할 수도 없는 브라만 Brahman의 본성을 나타낼 때 쓴다 — 역자 주.

개념은 인간이라는 유한한 존재를 경험하면서 형성됩니다. 이 때문에 '인간'의 범주를 초월하는 하느님의 실재를 하느님은 인간이다라는 긍정이나 인간이 아니다라는 부정으로 설명할 수 없습니다. 따라서 유한한 모든 것을 초월하는 하느님에 대해 우리는 "아니다, 아니야"라고 말할 수밖에 없습니다. 내세 문제도 그렇습니다. 내세를 이 세상의 연장일 뿐이라고 단편적으로 생각한다면 우리는 "아니다"라고 해야 합니다. 내세가 없다고 결론을 내린다면 그것도 거짓이며 역시 "아니다"라고 말해야 합니다. 하느님처럼 우리의 유한한 범주를 초월하는 실재나 죽음 이후에 무엇이 있는지 다룰 때, 우리가 어느 주장에 대해 긍정하거나 부정한다고 그 반대가 항상 거짓이라고 할 수는 없습니다. 따라서 그런 실재를 다룰 때 "아니다, 아니야"라고 말할 수밖에 없습니다. 그런 실재에 대한 문제들을 간단히 "예"·"아니요"로 대답할 수만은 없습니다.

앤소니 드 멜로는 이야기를 통해 이런 대립적인 상황을 표현하고 사람들에게 진실을 보여 주었습니다. 스승은 손가락으로 달을 가리키며 제자들에게 달을 보라고 하지만 제자들은 스승의 손가락만 쳐다봅니다. 스승은 "내 손가락을 보지 말고 달을 보란 말이야" 하고 소리칩니다. 이 짧은 이야기는 참으로 많은 것을 말해 줍니다. 하느님의 실재는 우리가 하느님을 가리킬 때 사용하는 '손가락', 즉 개념이나 이미지가 아닙니다. 우리는 실재와 만나기보다 그 개념이나 이미지에만 매달리기 쉽습니다. 또 모든 손가락이 올바른 방향을 가리키는 것은 아닙니다. 어떤 손가락은 하느님이 아닌 것을 가리킵니다. 그러나 하느님에 대한 개념과 이미지가 부적절하고 잘못 인도할 수 있다고 해도 우리는 하느님을 이야기하고 가리켜야만 합니다. 우리가 그렇게나 중요하게 여기는 저 하찮은 것에 대해 매우 분명하고 정확하게 말하는 것보다, 경험으로 마주치는 가장 숭고하고 중요한 실재에 대해 더듬거리면서나마 말하는 것이 훨씬 더 낫기 때문입니다.

하느님과 종교

앤소니 드 멜로는 초기 작품에서, 우리가 어디에 있든 "하느님은 이미 거기 계시고 우리가 할 일은 그것을 깨닫는 것"이라고 말했습니다. 이 말이 언제 어디서든 모든 사람에게 사실이라면 완전히 다른 관점에서 형성된 신앙을 가진 사람들에 대한 질문이 당연히 나올 것입니다. 예를 들어, 로마 신자들에게 보낸 바오로의 서간에 친숙한 구절이 있습니다. "자기가 믿지 않는(드 멜로 이야기에서는 '깨닫지 못하는') 분을 어떻게 받들어 부를 수 있겠습니까? 자기가 들은 적이 없는 분을 어떻게 믿을 수 있겠습니까? 선포하는 사람이 없으면 어떻게 들을 수 있겠습니까? 파견되지 않았으면 어떻게 선포할 수 있겠습니까?"(로마 10,14-15). 이어서 바오로는 "믿음은 들음에서 오고(fides ex auditu) 들음은 그리스도의 말씀으로 이루어집니다"(로마 10,17)라고 결론을 내립니다. 여기에서 바오로는 그리스도인들이 어떻게 하느님께 다가가는지 잘 설명하고 있습니다. 하느님께서는 예수님 안에 존재하고 예수님을 통해 드러나십니다. 예수님은 교회가 선포하는 곳에 계시고 교회를 통해 드러나십니다. 드 멜로의 이야기는 이 모든 것에 이의를 제기하는 듯합니다. 그의 이야기가 사실이라면, 왜 예수님은? 왜 교회는? 왜 다른 종교는?

최근 가톨릭을 포함한 그리스도 교회들은 — 종교다원주의까지 포함해 — 그들이 어우러져 살고 있는 다양하고 커다란 세상과의 관계를 이해하려는 새로운 길을 향해 가고 있습니다. 가톨릭 교회 내에서 이런 움직임은 제2차 바티칸 공의회(1962~1965)에서 가장 단호하고 명백하게 드러납니다. 몇몇 문서는 바오로가 말했듯이 그리스도인이 예수님에게서 들은 바로 그 진리를 다른 모든 사람도 접할 수 있다고 주장합니다. 이 주장을 뒷받침하는 여러 구절이 있습니다. 그중 「사목헌장」은 몇 년 전만 해도 상상할 수 없었던 진술을 합니다. 공의회는 교회 구성원들이 그리스도로부터 받은 것에 대해 말하고 이어서 "이것은 그리스도인만이 아니라 그 마음에서 은총이 보이지 않게 움직이고 있는 선의의 모든 사람들에게도 들어맞는 말이다. 사실 그리스도께서는 모든 사람을 위하여 돌아가셨고 또 인간의 궁극 소명도 참으로 하나 곧 신적인 소명이므로, 우리는 성령께서 하느님만이 아시는 방법으로 모든 사람에게 이 파스카 신비에 동참할 가능성을 주신다고 믿어야 한다"(22항)고 가르칩니다.

「사목헌장」은 예수님의 역할에 대해 해답 없는 많은 질문을 던집니다. 그럼에도 불구하고 공의회는 몇 년 전만 해도 교회에서 생각조차 할 수 없었던 것에 대해 말하고 있습니다. 공의회의 선언은 수세기 동안 세례와 교회에 대해 가르치던 신학과 매우 달랐으며, 진리를 받아들이기 위해 그리스도에 대해 선포하고 들어야 한다고 바오로가 말한 것과도 많이 달랐습니다. 현대적 의미에서 보면 통신이나 여행 등을 통해 갑자기 '세계화'된 세상에서 다른 문화와 종교를 빈번히 접할 수 있게 된 그리스도 교회들은 하느님께서는 사목 활동을 통해서만 이 세상에 존재하신다는 과거의 아주 배타적인 생각을 포기해야만 했습니다. 그들은 초대교회 때, 베드로가 로마의 이교도 코르넬리우스를 만나서 마지못해 인정해야만 했던 그 진리를 인정해야만 했습니다. "나는 이제 참으로 깨달았습니다. 하느님께서는 사람을 차별하지 않으시고 어떤 민족에서건 당신을 경외하며 의로운 일을 하는 사람을 다 받아주십니다"(사도 10,34). 베드로가 이런 말을 하고 있을 때 코르넬리우스와 그의 가족들에게 성령께서 내리셨다(사도 10, 44-45 참조).

이 보편구원론은 앤소니 드 멜로 영성 사상의 근본정신이었고, 드 멜로는 교회의 그런 자기 이해에 있어 선구자적 위치에 서 있었습니다. 「개구리의 기도 2」에서 읽겠지만, 플루

타르크 영웅전에 알렉산더 대왕에 대한 이야기가 있습니다. 알렉산더 대왕이 사람 뼈 무더기를 조심스럽게 들여다보는 철학자 디오게네스에게 물었습니다. "무엇을 찾고 계시오?" "찾아낼 수 없는 그 무엇입니다." 철학자가 대답하자 알렉산더는 다시 물었습니다. "그게 무엇이오?" "선왕의 뼈와 노예들 뼈와의 차이점입니다." 여기에 앤소니 드 멜로는 덧붙였습니다: "다음은 도저히 구별할 수 없는 것들이다. 가톨릭교도의 뼈와 개신교도의 뼈, 회교도의 뼈와 힌두교도의 뼈, 아랍인의 뼈와 유다인의 뼈, 러시아인의 뼈와 미국인의 뼈." 이어서 중요한 말을 합니다. "깨달은 사람에게는 뼈에 살이 붙어 있을 때도 그 차이가 보이지 않는다."

경험과 성경

그러면 우리는 모든 사람이 이해하는 하느님에 대한 보편적인 경험과, 바오로가 믿음은 들음에서 온다고 말한 것, 즉 유다교나 그리스도교의 성경이나 이슬람교의 코란처럼 특정한 전통에서 배우고 근거한 하느님에 대한 지식 이 둘 사이의 관계를 어떻게 이해해야 할까요? 우선, '순수한 경험', 즉 개인은 특정한 전통 안에서 성장하고 교육받고, 그 언어로 자신의 경험을 표현하고 해석하기 마련인데 이렇듯 특정한 전통에 의해 형성되지 않은 경험은 없다는 것을 명심해야 합니다. 우리는 개인적인 존재일 뿐만 아니라 사회적인 존재입니다. 우리와 우리의 경험은 사회와 문화에 의해 형성됩니다. 이런 공통의 문화와 언어가 없다면 자신의 경험을 말할 수도 없고 서로 나눌 수도 없으며, 사람들과 어울릴 수도 없습니다. 이런 의사소통 없이는 종교생활은 물론이고 사회생활도 꾸려 갈 수 없습니다. 초대 그리스도인들은 예수님을 통한 구원과 해방을 경험하고 이를 해석할 때, 유다의 구약성경에 사용된 언어로 선포했습니다. 그러다 마침내 그리스도인의 특별한 경험을 구체적으로 말해 주는 그리스도인의 성경을 만들게 되었습니다. 성경은 우리의 경험과 완전히 동떨어진, 하늘에 계신 하느님께서 불러 주시는 일련의 종교적 지식이 아닙니다. 그렇다고 사람들의 경험을 기록한 것도 아닙니다. 성경은 그리스도인이 예수님을 경험한 것을 기록한 책입니다. 그리스도인이 경험한 하느님에 대한 지식을 표현한 책입니다.

오늘날 우리 그리스도인의 정체성은 두 가지 중요한 사항에 달려 있습니다. 첫째, 오늘날 유다 백성은 조상들이 이집트 종살이에서 해방될 때 경험한 바로 그 야훼 하느님의 해방하는 권능을 경험해야만 합니다. 그와 마찬가지로 오늘날 그리스도인도 초대 그리스도인이 예수님 안에서 경험했던 그 구원과 해방을 똑같이 경험해야만 합니다. 둘째, 오늘날 그리스도인은 과거 그리스도인의 기록으로써 성경이 필요합니다. 과거를 생생하게 유지하고, 초대교회의 모범적이고 전형적인 경험에 비추어 오늘날 자신의 경험을 재해석하기 위해서입니다. 성경이 말해 주는 경험을 함께 나누지 않고 성경을 인용하는 것은 형식주의이며 공허한 말일 뿐입니다. 공동체와 의사소통할 수 있는 문자나 언어 없이 단절된 개인적 경험은 결코 인간의 경험이라고 할 수 없습니다. 경험과 성경은 하느님에 대해 알 수 있는 서로 대립적이거나 경쟁적인 근원이 아닙니다. 이 둘은 삶에서 하느님의 현존을 경험하고, 그 경험을 그 사람이 사용하는 언어로 표현하고 전달해 주는 과정에서 서로 보완해 주는 도구입니다.

근본주의

한편으로는 개인적 · 사회적 경험의 보완 관계, 다른 한편으로 그 경험들을 표현하는, 이 세상의 위대한 경전들은 앤소니 드 멜로가 경고했던 대로 잘못된 방향으로 어긋날 수 있습니다. 그중 하나가 '근본주의'입니다. 근본주의자들은 자신들의 경전을 하느님께서 신도들에게 배타적으로 직접 주신, 인간의 언어나 이미지나 개념에 대한 묵상 없이 하느님께서 직접 말씀해 주신 거룩한 책이라고 생각합니다. 경전 저자는 하느님의 진리를 하느님께서 말씀하시는 대로 받아 적어 순수하게 간직했습니다. 그러면 하느님 말씀은 어떤 특정 문화와도 관계 없고, 특정한 시간이나 장소나 기원의 흔적도 없는 절대적인 것이 됩니다. 이런 절대성은 다른 모든 사람은 진리 밖에 서 있다고 생각하게 만들며, 경전과 반대되는 것은 거짓이며 잘못된 것으로 여기게 합니다. 여기에 광신의 뿌리가 있고 폭력의 씨앗이 있습니다.

앤소니 드 멜로는 이렇게 자기 본위적이고 유아독존적인 근본주의의 위험을 드러내고 경고하기 위해 유머를 사용하곤 했습니다. 드 멜로는 「종교인들의 미움」에서 마을을 방문한 관광객이 그 곳의 많은 교회를 보고 안내원에게 찬사를 늘어놓는 장면을 들려줍니다. "확실히 이곳 사람들은 주님을 사랑하나 봅니다." 그러자 안내원이 대답합니다. "주님을 사랑하는지는 모르지만, 서로들 저렇게 지독히도 미워하는 걸 보면 아마 지옥이 따로 없겠죠."

「종교 박람회」에 관한 유머스러운 이야기도 있습니다. 종교 박람회에서 한 관람객이 '유다관'에 가서 하느님은 동정심이 지극하시며 유다인이 하느님의 선민이라는 말을 들었습니다. '이슬람관'에서는 하느님은 대자대비하시며 마호메트가 하느님의 유일한 예언자라고 했습니다. 마호메트의 말씀을 귀담아듣는 거기서 구원이 온다는 것을 배웠습니다. '그리스도교관'에서는 하느님은 사랑이시며 교회 밖에는 구원이 없다는 것을 알게 되었습니다. 교회가 아니면 영원한 저주를 무릅써야 할 것이라고 했습니다. 박람회를 떠나며 그는 친구에게 하느님을 어떻게 생각하는지 물어보았습니다. 그러자 친구는 "하느님은 편벽하고 광신적이고 잔인하구먼" 하고 대답했습니다. 집으로 오는 길에 그는 하느님께 물었습니다. "어떻게 이런 일을 참고 계십니까? 기나긴 세월을 두고 사람들이 주의 이름을 더럽혀 왔음을 모르십니까?" 하느님께서 말씀하셨다. "내가 그 박람회를 주최한 건 아니다. 나로선 창피해서 구경도 못 가겠는걸."

유머는 자기 본위적인 근본주의에 대응하는 가장 효과적인 무기일지도 모르겠습니다. 아주 광적이고 독단적인 근본주의자들일수록 더욱 유머를 이해하지 못할 것입니다.

이런 이야기들은 앤소니 드 멜로가 동양과 서양 종교들 사이에 이해와 관용과 수용의 가교를 세우려고 일생 동안 헌신했던 일치 운동의 가치와 중요성을 말해 줍니다. 우리가 보아 왔듯이 그는 경쟁적인 태도나 검증되지 않은 가설에 대해 신학적 논쟁을 한 것이 아닙니다. 진리에 이르는 가장 빠른 길로써 이야기라는 아주 효과적인 방법을 택했습니다. 동양과 서양이 다르기 때문에 동양이나 서양 중 하나는 잘못되었으며, 드 멜로는 그 하나를 '바로잡기 위해' 다른 하나를 사용했다고 보는 것은 잘못입니다. 진리에 접근하는 동양과 서양의 방법은 근본적으로 너무나 달라서, 하나로 다른 하나를 바로잡으려고 이 둘을 같은 논리적 틀에 끼워 맞출 수 없습니다. 이 둘 모두가 정당하며 하나를 바로잡기 위해서가 아니라 서로 보완하고 진리에 대해 더 넓고 균형 잡힌 접근법을 얻기 위해 사용해야 합니다. 편협함과 옹졸함에 대항한 앤소니 드 멜로는 '이것 아니면 저것'이 아니라 '둘 모두'의, 균형의 사도使徒였습니다.

지평을 넓히다

앤소니 드 멜로의 '동양의 지혜'와 '서양의 관점'은 가톨릭 신학에 양립하는 것이 아니라 가톨릭 신학이 때때로 잃어버리는 풍요로움의 반향처럼 보입니다. 이는 로마 가톨릭 교회 사상의 지평을 넓히고 더욱 참된 가톨릭 교회가 되려는 최근의 노력에 대한 희망의 상징입니다. '지평을 넓히다'라는 말이 의미하는 바를 그것과 상반된 간단한 예를 통해 보겠습니다. 히브리인들에게 보낸 서간의 서두에 나타나는 특이한 구절을 보면 잘 이해할 수 있습니다. "하느님께서 예전에는 예언자들을 통하여 여러 번에 걸쳐 여러 가지 방식으로 조상들에게 말씀하셨지만, 이 마지막 때에는 아드님을 통하여 우리에게 말씀하셨습니다"(히브 1,1-2). 하느님께서 다른 곳에서는 침묵하고 계시면서 유다 예언자들과 예수님을 통해서만 인간에게 말씀하신다는 이 구절에 깊은 인상을 받았습니다. 물론 이 구절은 그런 의미가 아닙니다. 히브리서는 하느님께서 유다 민족이나 그리스도교 전통 밖에 있는 인류는 어떻게 대하시는지 아무것도 말해 주지 않습니다. 이것은 앤소니 드 멜로가 「종교 박람회」에서 말하는, 편견을 가진 사람들에게 간절히 호소하고자 한 내용입니다.

히브리서를 드 멜로 신부와 베드로 사도와 함께 읽어 보십시오. 베드로는 민족을 '편애하지 않으시고', '편파적으로 대하지 않으시는' 하느님을 로마인 코르넬리우스를 통해 보았습니다(사도 10, 34-36 참조). 하느님의 말씀뿐 아니라 하느님의 은총은 일부 종교인들이 규정해 놓은 좁은 범위를 넘어섭니다. 가령 가톨릭에서 '칠성사'가 아무리 중요하다고 해도, 그것만이 하느님의 은총을 얻을 수 있는 유일하고 절대적인 길은 아닙니다. 이것이 바로 드 멜로가 주장하는 것입니다. 우리가 축일과 축제, 성지와 성당 같은 '거룩한 시간'과 '거룩한 장소'를 많이 필요로 한다고 해도 이런 시간과 장소만이 절대적으로 거룩하다고 생각해서는 안 됩니다. 성령은 우리가 결정하거나 마음먹은 곳이 아니라 '성령께서 뜻하시는 곳으로 분다'는 가톨릭 전통을 잊어서는 안 됩니다. 이것이 성사에 대한 훨씬 더 넓고 포괄적인 원칙 안에서 칠성사를 바라보는 태도입니다.

이 원칙은 창조된 모든 것이 눈에 보이지 않는 하느님의 존재를 구체적으로 표현하는 상징과 성사가 될 수 있음을 포함합니다. 물론 표현하는 방법은 다르지만 그렇게 될 수 있습니다. 하느님은 어디든 계시지만 똑같은 방식과 강렬함으로 모든 곳에 존재하는 것은 아닙니다. 가톨릭 신자들에게 성체 안에 계시는 예수님과의 만남은 하느님의 현존과 만나는 특별히 강렬한 순간입니다. 이런 특별한 종교적 만남이 모든 것에서 하느님을 찾고 모든 사람들 가운데 계시는(마태 25,31-46 참조) 예수님과의 만남에 대한 더 넓고 포괄적인 의미를 훼손시킬 수는 없습니다. 하느님의 현존을 종교적 의미로만 국한하려는 경향에 대해 드 멜로는 반복적으로

"깨어나십시오, 깨어나십시오, 깨어나십시오!"라고 말합니다. 여러분 눈앞에 있는 실재에 대해 살아 있고 깨어 있고 민감해지십시오. 그러면 한 가지는 상상할 수 있습니다. 예수님과 그의 수난을 믿는다고 고백하는 사람들이, 형제자매들의 고통 속에서 예수님의 수난이 오늘날에도 계속되고 있음을 깨닫는다면 어떤 변화가 일어날지 말입니다.

성령의 현존

드 멜로는 하느님께서 선택하시어 뽑으신 백성은 물론 모든 사람을 사랑하는 하느님의 아낌없는 사랑을 강조합니다. 이는 그간 간과된 성령의 역할을 되찾으려는 현대 가톨릭 신학의 노력을 반영합니다. 성령의 역할을 무시하면 예수님께만 초점을 맞추어 성령의 활동을 경시하는, 지나치게 배타적인 '그리스도 중심주의'를 초래합니다. 물론 예수님의 역사적 면모는 그리스도교 신앙에서 대단히 중요합니다. 유다교처럼 그리스도교도 역사적 종교입니다. 그리스도교의 하느님은 먼 곳에 거하시는 우리와 동떨어진 하느님이 아닙니다. 특별한 시간과 장소, 특별한 사람과 상황을 통해 역사 속에서 만날 수 있는 하느님입니다. 나자렛 예수님께서 이천 년 전 이 세상에 오신 것은 그리스도인들에게 인간이 하느님과 만난 절정의 순간이었습니다. 그러나 이 사람, 이 순간이 너무 중요하다고 해서 다른 모든 시간은 불필요하며 종교적으로 전혀 중요하지 않다고 할 수 없습니다. 성령이 계시와 은총의 순간을 만들어 내는 그 역사 안에서 현존하시고 작용하시기 때문입니다. 예수님과 성령은 경쟁자가 아닙니다. 예수님의 특별한 삶은 성령께서 활동하시는 이 세상의 더 큰 역사 안에서 일어난 일입니다.

그러므로 앤소니 드 멜로는 예수님은 물론이고 다른 스승들에 대해서도 이야기할 수 있었습니다. 다른 시대, 다른 문화를 배경으로 한 스승들도 예수님처럼 이 세상에서 하느님의 성령께서 활동하시는 역사의 일부분이기 때문입니다. 한 분이신 성령께서는 역사 안에서 항상 하느님의 사랑이라는 하나의 메시지를 말씀하시지만, 예수님처럼 특별한 장소에서 특별한 문화적 배경을 둔 언어로 말씀하십니다. 인간의 모든 것이 그렇듯 종교도 특정한 문화에 의해 결정되고, 항상 그것을 표현하는 사람들의 생각을 통해 굴절됩니다. 그렇지 않다고 생각한다면 상대적이고 유한한 인간의 말을 절대화시키는 근본주의를 받아들이는 것입니다. 서로 다른 스승들과 그들이 말하는 서로 다른 종교적 언어들이 어떻게 언제 성령과의 조화 속에서 이해되는가 하는 문제는, 서로 다른 인간들이 어떻게 언제 하느님께서 의도하시고 계획하신 하나의 인류 가족이 될 수 있는가 하는 더 커다란 문화적 문제의 한 모습입니다.

우리는 이런 문화적 차이를 참고 살지만, 드 멜로는 이 차이가 결정적으로 중요하지 않다고 생각했습니다. 바로 왕의 뼈와 노예의 뼈와의 차이점을 발견할 수 없다는 이야기에서 그가 강조한 점입니다. 탄생과 죽음, 패배와 승리라는 모든 인간이 겪는 깊은 경험을 보면, 우리는 모두 똑같은 인간입니다. 제2차 바티칸 공의회는 「계시헌장」을 통해 성전聖傳의 개념을 설명하면서 이런 깊은 경험을 강조합니다. 공의회는 성전을, 전해 내려온 가르침 — 이것도 중요하지만 — 으로만 생각하지 않고 깊은 수준의 전통으로 소개합니다. "교회는 자신의 가르침과 생활과 예배를 통하여 그 자신의 모든 것과 그리고 그 자신이 믿는 모든 것을 영속시키며 모든 세대의 사람들에게 전달한다"(「계시헌장」 8항). 교회는 자신의 모든 것, 즉 존재와 생활에서 교회가 가르치는 것과 일치해야 합니다. 교회는 말로써가 아니라 존재와 행위로써 모든 것을 전해 줍니다. 이런 깊은 전통이 없다면 교회가 하는 말은 종교적 미사여구에 불과합니다.

교회의 존재와 교회가 가르치는 것을 구별한 공의회의 가르침을 받아들이는 것은 우리의 존재와 생활은 서로 차이가 있지만, 그런 차이 가운데서 진정한 일치를 이룰 수 있다는 가능성을 열어 줍니다. 이런 가능성은 차이를 인정하는 데 그치는 것이 아니라 우리가 똑같은 진리를 말하고 그대로 사는 날까지 노력해야 하는 이유입니다. 어쨌든 우리가 살펴본 바대로 제2차 바티칸 공의회가 말하는 것은 교회의 존재와 생활, 그리고 교회의 가르침 사이의 차이점입니다. 공의회는 모든 사람이 — 종교적 가르침을 받았거나 받지 못했거나 상관없이 ― 교회의 존재와 생활의 핵심인 예수님의 죽음과 부활의 파스카 신비에 참여할 수 있다고 가르칩니다 (「교회헌장」 16항, 「사목헌장」 22항, 「선교교령」 7항 참조). 이는 더 깊은 수준의 전통이며, 예수님의 삶과 부활의 신비가 무수한 방법으로, 그리고 셀 수 없이 많은 여러 상황 속에서 살아 숨 쉬는 깊은 경험입니다. 그리스도교적으로 말하면, 이것은 성령의 보편적인 현존이며 그분께서 주시는 은총이 모든 사람의 가슴속에서 울려 퍼지는 것입니다.

깨달음과 성령

드 멜로는 성령께서 보편적으로 현존하신다고 해도 사람들이 깨닫지 못하면 아무 소용이 없다고 말합니다. 예수님께서 비유로 말씀하신 것처럼 드 멜로의 이야기에는 사람들이 전에는 보지 못한 것을 보게 하려는, 즉 깨닫게 하려는 의도가 있습니다. 그런데 왜 그렇게 보는 것이 어려울까요? 깨달음을 얻는 것이 왜 그렇게 어려울까요? 성령께서 원하시는 곳으로 부시도록 놓아두는 것이 너무나 어렵기 때문입니다. 우리는 관례와 관습의 산물입니다. 우리는 성령께서 어디로 가실지 안다고 생각합니다. 그래서 한곳만 바라봅니다. 성령께서는 어디든 가십니다. 우리가 원하는 곳, 방해자나 종교가 막아서는 곳이 아니라 당신께서 원하시는 곳으로 가십니다. 우리는 바로 눈앞에 있는 것을 보지 못합니다. 사물을 있는 그대로 보지 않기 때문입니다. 선입견과 편견을 가지고, 우리가 좋아하는 것에 붙은 이름표를 보고 싶어 합니다. 이 이름표를 제거하고 눈가리개를 치우고 성령께서 원하시는 대로 하는 것은 참으로 어려우며 진정한 종교적 회심(드 멜로가 '깨달음'이라고 말한)이 필요한 일입니다.

깨달음으로 가는 여정을 시작한 사람은 성령께서 존재하고 작용하는 현재와 더욱 조화를 이루게 됩니다. 그들은 멀리 하늘이 아니라 그들이 살고 있는 세상에서 하느님을 찾아야 한다는 사실을 깨닫게 됩니다. 그들은 자신의 신앙과 소망의 과제가 신학적 지식을 채우는 것이 아니라 지금 이곳에서 진리를 행하는 것임을 압니다. 여기에 또 다시 드 멜로의 영성이 제2차 바티칸 공의회의 가르침에 울려 퍼집니다. 공의회는 그리스도인들이 세상 끝 날에 올 하느님 나라에 대한 희망을 버려서는 안 되지만, 지금 이 세상에서 일어나는 모든 일과 현재의 소망을 더욱 중요하게 생각해야 한다고 가르칩니다.

결론

우리는 그리스도교 삼위일체 교리 틀 안에서 앤소니 드 멜로 영성 사상의 주요한 특징들을 간단히 요약할 수 있습니다. 우선, 그는 이 세상과 모든 것을 초월하는 하느님의 초월성을 강조했습니다. 하느님은 우리와는 완전히 다른 존재, 우리의 이해하고 파악하는 능력을 넘어서는 불가해한 분입니다. "우리는 그분 안에서 살고 움직이며 존재합니다"(사도 17,28). 하느님은 신비입니다. 즉, '알 수 없는 분으로 알려진 분'입니다. 그렇다고 침묵할 수 없습니다. 개념, 이미지, 공식이나 인간이 만들어 낸 것을 절대화해서 우상으로 숭배해서도 안 됩니다. 종교나 다른 많은 것을 우상으로 만들어 하나이신 하느님만을 흠숭하는 것이 얼마나 어렵게 되었습니까! 우리가 하느님을 삼위일체의 제1위격, 다시 말해 유형무형한 만물의 창조주며 근원이신 아버지(어머니)라고 부를 때, 이는 하느님의 절대적 초월성을 말하는 것입니다.

하느님에 대한 그리스도교적 이해를 바탕으로 앤소니 드 멜로가 설명하는 똑같이 중요하고 근본적인 것은 하느님의 내재성, 즉 하느님께서는 모든 피조물을 통해 그 안에 존재하신다는 것입니다. 이는 아우구스티누스가 "하느님은 우리 자신보다 우리에게 더 가까이 계신다"고 말한 하느님의 모습입니다. 초월성은 거리적인 의미가 아니라 우리에게 가까이 오시는 하느님의 자유로운 주권을 의미합니다. 내재성이 없다면 하느님의 초월성은 이신론에서 말하는 멀리 있는 신이 됩니다. 초월성이 없다면 하느님의 내재성은 범신론의 한 형태가 됩니다. 우리가 성령으로서 하느님의 이름을 부를 때 바로 이 내재성을 말하는 것입니다.

성령은 모든 사람이라는 의미에서뿐 아니라 인간적인 모든 것이라는 의미에서 보편적으로 존재합니다. 성령은 세속적인 것과 조심스럽게 구분한 종교적이나 영적이라고 불리는 삶의 개별적인 부분에만 존재하는 것이 아닙니다. 인간적이지 않은 것은 성령과도 상관없습니다. 우리는 이것을 하느님의 인간 되심에서 배웠습니다. 하느님의 말씀이 예수님을 통해 인간이 되셨고, 그리하여 모든 육체와 인간적인 모든 것의 궁극적 운명이 드러났습니다. 우리가 하느님의 아들이라고 부를 때 하느님의 이런 모습을 말하는 것입니다. 남자와 여자, 종교인과 비종교인 모든 사람은 예수님 안에서 예수님과 함께, 차별하지 않으시는(사도 10,34) 유일한 하느님의 아들딸로 부름받습니다. 바로 이러한 앤소니 드멜로의 가톨릭적인 식견이 앞으로 읽을 이야기들에 영감을 주고 생기를 주었습니다.

하느님께 이르는 길

동양 전통에 따른 그리스도교 수행

머리말

나는 지난 십오 년 동안 피정과 영성 지도를 하며 사람들이 기도하는 것을 도왔습니다. 어떻게 기도해야 할지 모르겠다고 불평하는 사람이 많습니다. 아무리 노력해도 기도 생활에 발전이 없고, 기도가 지루하고 너무 힘들다고 합니다. 영성 지도자들도 어떻게 기도해야 하는지, 더 정확히 말해, 기도를 통해 어떻게 만족감과 성취감을 맛볼 수 있는지 가르칠 때 도무지 자신이 없다고 고백합니다.

사람들이 기도하도록 도와주는 것이 나에게는 비교적 쉬운 편이어서 이런 말을 들을 때마다 놀랍니다. 단순히 내가 이 방면에 카리스마가 있어서 그렇다고 생각하지는 않습니

37

다. 그것은 나의 기도 생활에서나 다른 사람들에게 기도를 지도할 때 지키는 간단한 몇 가지 이론 덕분일 것입니다. 첫째 이론은 기도란 만족과 성취감을 맛보게 하는 활동으로써 기도에서 이런 것들을 추구하는 것은 지극히 당연하다는 것입니다. 또 다른 이론은, 기도는 머리가 아니라 마음으로 해야 한다는 것입니다. 기도할 때, 머리 혹은 생각에서 빨리 벗어나면 벗어날수록 기도하는 것이 더 즐겁고 유익할 것입니다. 사제들과 수도자들 대부분이 기도를 생각하는 것과 동일한 것으로 여깁니다. 바로 거기에 함정이 있습니다.

한번은 동료 예수회 사제가 기도하는 법에 관한 초보지식을 배우려고 어떤 구루(힌두교의 스승)를 찾아간 이야기를 해주었습니다. 구루는 "호흡에 집중하십시오"라고 했습니다. 친구는 오 분 동안 그렇게 했습니다. 구루가 말했습니다. "그대가 숨 쉬는 공기가 하느님입니다. 그대는 하느님을 들이쉬고 내쉬고 있습니다. 이를 깨닫고 그 깨달음과 함께 머무르십시오." 친구는 머릿속으로 잠시 그 말을 신학적으로 살펴보고는 그 가르침에 따랐습니다. 몇 시간, 며칠 동안 그렇게 한 결과, 놀랍게도 기도가 숨을 들이쉬고 내쉬는 것처럼 간단한 일이라는 것을 알게 되었습니다. 그는 이 훈련을 통해 몇 년 동안 기도 생활에 전념하면서도 찾을 수 없었던 깊고 만족스러운 영적 자양분을 발견했습니다.

몸의 감각

기도할 때 가장 큰 적은 신경이 긴장하는 것입니다. 이 훈련은 그 문제를 해결하는 데 도움이 될 것입니다. 방법은 간단합니다. 여러분이 감각을 회복하게 되면, 즉 몸의 감각들을 온전히 알아차리면 긴장이 풀립니다. 다시 말해 주위의 소리와 자신의 호흡과 입 안에 들어 있는 음식 맛을 가능한 한 온전히 알아차리면 긴장이 풀립니다.

너무도 많은 사람이 머리로만 살아갑니다. 그들은 자기가 머릿속에서 무슨 생각을 하고 무슨 상상을 하고 있는지는 의식하지만, 자신의 감각 활동에 대해서는 의식하지 못합니다. 그래서 그들은 현재에 머물러 살지 못합니다. 그들은 과거나 미래 살고 있습니다. 그들은 과거에 살면서 지난날의 잘못을 후회하고 죄를 생각해 내고 죄의식을 느낍니다. 또 지난날의 업적을 흡족한 듯이 돌이켜 보기도 하고 다른 사람에게 입은 피해가 떠올라 분개하기도 합니다. 미래에 살면서 앞으로 닥쳐올지도 모르는 재난이나 불행을 걱정하며 두려워하고, 장차 누리게 될 기쁨을 생각하며 미래를 꿈꿉니다.

과거에서 교훈을 얻기 위해, 추억을 되새기며 즐기기 위해 과거를 다시 돌이켜 보는 것, 현실적인 계획을 세우기 위해 미래를 예상하는 것들은 현재와 너무 멀리 떨어져 있지 않아야 가치가 있습니다. 기도를 잘하려면, 현재와 만나며 거기에 머무를 수 있는 능력을 기르는 것이 중요합니다. 머리에서 벗어나 감각으로 되돌아가게 해 주는 데 가장 좋은 방법은 바로 지금에 머무르는 것입니다.

주위의 열기나 냉기를 느끼십시오. 몸을 스치며 지나가는 산들바람을 느끼십시오. 살갗에 와 닿는 햇볕의 따스함을 느끼십시오. 만지고 있는 물건의 질감과 온도를 느끼십시오. 그 모든 것들이 어떤 차이가 있는지 보십시오. 현재로 돌아와 여러분이 어떻게 생기를 찾았는지 보십시오. 자기 감각을 알고 느끼는 기술을 일단 터득하고 나면, 그것이 자신에게 얼마나 큰 도움이 되는지 발견하고 놀랄 것입니다. 자신이 미래에 대해 걱정을 잘하는 편이거나 지난날 저지른 죄에 죄의식을 느끼는 경향이 있다면, 이 기술이 더욱 큰 도움이 될 것입니다.

머리에서 벗어나는 것에 대해 한마디 하겠습니다. 머리는 기도하기에 그다지 좋은 곳이 못 됩니다. 기도를 시작하는 곳으로는 나쁘지 않습니다. 하지만 기도할 때 머리에만 너무 오래 머물고 마음으로 옮겨 가지 않으면 기도하는 것이 점점 지루하고, 피곤하고, 아무 도움이 안 된다고 느끼게 됩니다. 생각하고 말하는 영역에서 벗어나, 느끼고, 의식하고, 사랑하고, 직관하는 영역으로 옮겨 가는 법을 배워야 합니다. 바로 그 영역이 관상이 시작되는 곳입니다. 바로 거기서 기도는 변화시키는 힘이 되고, 또한 영원한 기쁨과 평화의 원천이 됩니다.

알아차리기와 관상

이제, 내가 지도하는 관상 그룹에서 종종 제기되는 반론들을 다루어야겠습니다. 이런 깨달음 훈련들이 긴장을 풀어주는 데 도움이 되기는 하겠지만 그것이 우리 그리스도인들이 이해하고 있는 그런 관상과는 관계가 없을 뿐 아니라 엄밀히 말해 기도는 아니라는 반론입니다.

이런 단순한 훈련들이 어떻게 그리스도인들이 말하는 엄밀한 의미의 관상이 될 수 있는지 설명하겠습니다. 만일 이 설명이 만족스럽지 않거나 혼란을 일으키거든, 그때는 내가 이야기한 것을 모두 잊어버리고 이 깨달음 훈련들을 기도와 관상을 위한 준비로만 사용하십시오. 아니면 이 방법들을 다 무시하고, 이 책에 있는 다른 방법들 중에 개인의 취향에 맞는 것을 골라서 활용하십시오.

먼저, 나는 '기도'와 '관상'이라는 단어를 어떤 의미로 사용하는지 설명하겠습니다. 내가 기도라는 단어를 쓸 때는, 주로 말과 이미지와 생각을 통해 하느님과 대화하는 것을 의미합니다. 나중에, 기도의 항목에 넣을 수 있다고 생각되는 여러 방법을 소개하겠습니다. 관상이란, 말과 이미지와 개념을 최소한으로 사용하거나 하나도 사용하지 않고 하느님과 대화하는 것을 의미합니다. 이런 기도가 바로 십자가의 성 요한이 『어두운 밤』에서 이야기하는 기도이며, 『무지의 구름』의 저자가 말하는 기도입니다. 내가 이 책에서 소개하는 '예수께 자비를 구하는 기도'와 관련된 훈련법 가운데 말과 생각 중 어느 쪽에 더 비중을 두느냐에 따라, 기도나 관상 중 하나가 되거나, 이 둘이 섞인 기도가 될 것입니다.

이제 문제의 핵심으로 돌아갑시다. 내가 몸의 감각이나 호흡을 알아차리는 훈련을 연습할 때, 과연 나는 하느님과 의사소통을 하고 있다고 말할 수 있느냐 하는 것입니다. 대답은 물론 "그렇다"입니다. 이제 알아차리기 훈련 중에 이루어지는 하느님과의 대화에 대해 설명하겠습니다.

우리는 하느님과 대화할 때 사용하는 지성과 마음 외에도 하느님께 신비적인 지성과 신비적인 마음을 받았다고 신비가들은 말합니다. 이것들을 통해 생각이나 개념과 이미지를 사용하지 않고도 '어둠' 속에서 하느님을 직접 알 수 있고 그분의 존재를 직관으로 알고 이해할 수 있다고 합니다.

대체로 하느님과의 만남은 간접적입니다. 이미지와 개념들은 으레 하느님의 참모습을 왜곡합니다. 생각이나 이미지를 초월해 하느님을 이해할 수 있는 것이 바로 이 기능이 지닌 특권입니다. 이것을 설명하는 과정에서 나는 이 기능을 '마음'(이 '마음'은 『무지의 구름』의 저자가 즐겨 쓰는 단어로 우리의 신체적 심장이나 감성과는 관계가 없습니다)이라 부르겠습니다.

우리 대부분은 이 '마음'이 잠자고 있거나 아직 발달되지 않았습니다. '마음'을 깨우려면, '마음'이 하느님을 향하도록 끊임없이 노력해야 하며, 그 '마음'이 우리의 존재를 온전히 그분께로 이끌어 가도록 기회를 주어야 합니다. 이렇게 하려면 '마음'을 계발해야 하고 또한 그 '마음'을 둘러싸고 있는 찌꺼기들을 깨끗이 제거해서 '마음'이 영원한 자석에 이끌리도록 해야 합니다.

찌꺼기들이란, 하느님과 대화를 할 때 그분과 우리 사이에 끊임없이 끼어드는 수많은 생각과 말과 이미지입니다. 때때로 말은 의사소통이 잘되고 친근감을 갖도록 도와주기보다 방해가 되곤 합니다. 마음이 사랑으로 가득할 때는 (말과 생각의) 침묵이 때때로 대화와 일치의 가장 힘 있는 표현이 될 수 있습니다. 그러나 하느님과의 대화는 그리 간단한 문제가 아닙니다. 친구의 눈을 사랑스럽게 들여다보면서 말 없이 이야기할 수 있습니다. 그러나 말없이 하느님을 바라볼 때, 도대체 나는 무엇을 보고 있는 것입니까? 이미지도 형태도 없는 실재를 바라보고 있는 것입니다. 공쏜!

무한하신 하느님과 좀 더 깊은 친교로 나아가려는 사람들은 이렇게 해야 합니다. 몇 시간 동안 빈 공간을 바라보십시오! 어떤 신비가들은 이 빈 공간을 사랑스럽게 바라보라고 권합니다. 사실 막상 처음 대하면, 아무것도 없는 것처럼 보이는 빈 공간을 열망과 사랑의 마음으로 바라보기 위해서는 상당한 믿음이 필요합니다.

그 공백을 몇 시간이고 바라보고 싶은 생각이 간절하다고 해도, 마음이 고요하지 못하면 아무 소용이 없습니다. 여러분 대부분은 이런 공백 가까이에도 가 보지 못할 것입니다. 지성이라는 기계가 수많은 생각과 말을 끊임없이 만들어 내고 있는 한, 신비적 지성 또는 마음은 계발되지 않은 채 그대로 남아 있을 것입니다. 눈먼 사람의 청각이나 촉감이 얼마나 예민한지 생각해 보십시오. 그는 시력을 잃자, 다른 지각 능력을 발달시키지 않을 수 없었습니다. 신비적 세계에서도 이와 비슷한 일이 일어나고 있습니다. 만일 우리가 정신적으로 장님이 될 수 있다면, 즉 하느님과 대화를 나눌 때 우리의 지성을 꽁꽁 묶어 놓을 수 있다면, 우리는 그분과 대화하기 위해 자연히 다른 기능들을 발달시킬 수밖에 없을 것입니다. 많은 신비가의 가르침에 따르면, 다른 기능, 곧 '마음'은 기회가 주어지기만 하면 제 기능을 발휘하려고 준비하고 있다니 다행스러운 일입니다.

우리의 '마음'이 처음으로 눈을 뜨고 희미하게나마 하느님을 직접 체험하게 되면, 마치 공허나 공백을 들여다본 것처럼 느끼게 됩니다. 이런 상태를 경험하는 사람들은 기도할 때 아무것도 하지 않은 채 시간만 낭비하고, 하는 일 없이 괜히 앉아서 아무 일도 일어나지 않는 것 같고, 깜깜한 어둠 속에 있다고 자주 불평합니다. 그러고는 이런 불편한 상태에서 벗어나려고, 불행하게도 생각하는 기능을 다시 작동시킵니다. 그들은 지성을 꽁꽁 묶어 놓은 붕대를 풀어 버리고 생각하기 시작하며 하느님께 말하기 시작합니다. 그 일이야말로 해서는 안 되는 일인데도 말입니다.

만일 하느님께서 은총을 베푸시면 — 그분은 늘 은총을 베푸시지만 — 그들은 기도할 때 지성을 사용할 수 없게 됩니다. 모든 생각이 하나같이 마음에 안 들고 소리기도를 해도 그 말이 무의미하게 느껴져 견딜 수 없게 됩니다. 침묵이 아닌 다른 방법으로 하느님과 대화를 하려고 할 때마다 지루하다고 느낄 것입니다. 처음에는 이 침묵이 고통스럽고 지루합니다. 그래서 모든 유혹 중에서도 가장 큰 유혹인 기도를 완전히 포기하고 싶은 유혹에 빠질 수도 있습니다. 기도할 때마다 지성을 사용할 수 없게 되어 좌절감을 느끼게 되거나, 지성이 침묵하면 어김없이 찾아오는 그 어둠 속에서 자기는 아무것도 하지 않고 시간을 낭비하고 있다는 허무감을 느낄 수밖에 없습니다.

이 유혹을 물리치고 참을성 있게 계속 기도하면서 무조건적인 믿음으로 공허와 어둠과 무위無爲와 무 안에 조용히 머물러야 합니다. 그러면 서서히, 처음에는 순간적으로 조금씩, 나중에는 보다 지속적으로 그 어둠 속에 타오르는 것처럼 보이는 빛을 발견할 것입니다. 그 공허는 마음을 신비롭게 채워 줍니다. 바로 그 무 안에서 하느님의 능력이 끊임없이 작용하고 있으며 무 안에서 자기 존재가 새롭게 창조되고 새로운 모습을 갖추게 된다는 사실을 깨닫게 될 것입니다. 이 모든 것은 너무도 신비롭게 이루어지기 때문에 자신은 물론 다른 사람에게도 도무지 설명할 방법이 없습니다. 다만 그들은 매번 이러한 기도 또는 관상 모임을 한 후에 또는 모임을 하는 동안에 신비스러운 그 무엇이 마음 안에서 작용해 생기를 되찾게 해 주고 자양분을 주고 행복하게 해 준다는 것을 알게 될 뿐입니다. 그리고 이 모호하고 어두운 묵상을 다시 하고 싶어 애쓰는 자신을 발견하게 됩니다. 이 묵상은 아무 의미가 없는 것 같지만 생기가 넘치게 하고 가벼운 도취감마저 느끼게 합니다. 이 도취는 너무도 가벼운 것이어서 지성으로는 감지할 수 없고 감성으로도 거의 느낄수 없습니다. 그러나 확실히 존재하며, 무척 실감 나고 만족감을 주기 때문에 이 도취를 감각, 감성과 지성으로 맛볼 수 있는 온갖 환희에서 느끼는 모든 도취감과도 바꾸고 싶은 마음이 사라집니다. 처음에는 이 상태가 그렇게나 지루하고 어둡고 무미건조하게 여겨지더니, 우습지 않습니까!

이 상태에 이르러 그 신비적인 어둠에 마음이 끌리고 신비가들이 말하는 그 '마음'으로 하느님과 대화하기를 원한다면, 가장 먼저 해야 할 일은 자신의 지성을 잠잠하게 하는 방법을 강구하는 것입니다. 그런데 세상에는 운이 좋은 사람들이 더러 있습니다(이 사실을 아는 것이 매우 중요합니다. 그렇지 않으면 관상을 잘하기 위해서는 반드시 그런 어둠과 투쟁을 거쳐야 된다고 자칫 잘못 생각할 수 있습니다). 그렇게 운이 좋은 사람들은 자신의 종잡을 수 없는 지성을 잠잠하게 하고 모든 말과 생각을 멈추게 하는 노력을 하지 않고서도 저절로 이 상태에 이를수 있습니다. 그들은 마치 눈먼 사람처럼 귀가 예민하면서도, 여전히 시력을 온전히 사용하며 즐기는 사람과도 같습니다. 그들은 소리기도를 즐기며, 기도할 때 상상력을 동원해 많은 도움을 받으며, 하느님과 대화하는 동안에도 계속 자유롭게 생각합니다. 더구나 이 모든 활동을 하면서 동시에 '마음'을 계발하고 직관으로 하느님을 알게 됩니다.

만일 자신이 이런 운 좋은 사람들의 부류에 들지 못한다면, 이 '마음'을 계발하기 위해 무엇인가를 해야 할 것입니다. 그러나 여러분 스스로 직접 할 수 있는 일은 하나도 없습니다. 할 수 있는 일이란 자신의 산만한 지성을 잠잠하게 만드는 것뿐입니다. 기도하는 동안 모든 생각과 말을 삼가고, '마음'이 스스로 계발되도록 놓아두십시오.

지성을 묶어 두기란 참 어렵습니다. 생각, 생각, 생각, 끝없는 생각, 결코 멈추는 법이 없이 무한정 쏟아지는 이 생각들로부터 정신을 묶어 둔다는 것은 정말로 힘든 일입니다. 인도의 구루들이 자주 말하는 격언이 있습니다. "가시 하나를 다른 가시로 뽑아낸다." 이 격언은 한 가지 생각을 이용해 마음속에 가득한 모든 생각을 없애 버리는 것이 현명하다고 말합니다. 자기 마음을 단단히 붙잡아 둘 수 있는 생각하나, 이미지 하나, 한 문장이나 단어를 사용하라는 것입니다. 의식적으로 자기 지성을 아무 생각도 안 하는 공백 상태로 만든다는 것은 불가능한 일이기 때문입니다. 어차피 우리 지성은 무엇인가를 생각해야 합니다. 그러니 골똘히 생각할 수 있는 것을 하나만 제공하십시오. 당신이 사랑스럽게 바라보며 분심이 들 때마다 찾는 주님의 어떤 이미지나, 마음의 방황을 막기 위해 계속 쉬지 않고 외울 수 있는 짧은 기도문을 하나 생각하십시오. 그러다 보면 고맙게도 이미지가 어느새 의식 속에서 사라지고 기도문도 입술에서 떠나가 버립니다. 산만하기만 하던 정신도 고요해지고 '마음'은 아무런 방해도 받지 않으며 어둠 속을 자유롭게 들여다볼 수 있게 될 때가 올 것입니다.

사실, '마음'이 제 기능을 발휘하게 하기 위해, 이처럼 이미지나 말이 모두 사라지는 상태에 이르러야만 하는 것은 아닙니다. 산만하던 정신이 그처럼 과감하게 활동을 줄이게 된 그 자체가 바로 '마음'이 계발되고 그 기능을 발휘하게끔 크게 도와주고 있다는 증거입니다. 이미지나 말이 완전히 사라지는 상태에 이르지 못했다 하더라도, 여러분은 관상 생활에 있어서 크게 발전하고 있는 것이 틀림없습니다.

내가 제안한 두 가지 방법, 주님의 이미지를 생각하는 것과 짧은 기도문을 반복하는 방법이 둘 다 사실 너무 종교적이라는 것을 알게 될 것입니다. 아무튼 이 훈련의 본래 목적은 산만한 정신을 하나로 모으는 훈련이 아니라 '마음'을 열고 계발하는 것임을 기억해야 합니다. 만일 이 목적이 이루어졌다면, 가시들을 없애는 데 이용한 가시가 종교적인가 아닌가 하는 문제가 정말 중요합니까? 어두움을 밝힐 수 있는 빛이 필요하다면, 어두움을 밝혀 주는 초가 축성한 초인지 아닌지가 정말 중요하단 말입니까? 정신을 집중해 바라보는 것이 그리스도의 모습이건, 책이건, 나뭇잎이건, 마루 위의 한 점이건 과연 그것이 문제가 됩니까? 이런 일에 참견하기 좋아하는 예수회 친구가(아마 이 친구는 모든 종교 이론을 건

전한 회의론에 입각해서 모두 시험해 보았을 것입니다) 와서 장담하기를, 자기는 "하나, 둘, 셋, 넷" 하며 계속 리듬감 있게 숫자를 셀 때, 자기보다 훨씬 신심이 두터운 동료가 "짧은 기도를 리듬감 있게 경건히 반복할 때 이르게 된다"고 주장한 바로 그 신비 상태에 도달할 수 있다고 했습니다. 나는 그의 말을 믿습니다. 종교적 가시를 사용할 때는 성사적 가치가 있는 것만은 틀림없습니다. 하지만 우리의 주요한 목적을 이루는 데는 어떠한 가시든 다 좋습니다.

이리하여 우리는 호흡이나 몸의 감각에 정신을 집중하는 것이 엄밀한 의미에서 매우 훌륭한 관상이라는 다소 엉뚱한 결론에 이르게 되었습니다. 내가 피정 지도를 했던 예수회 회원들의 말을 듣고 나서 이 이론에 확신을 가졌습니다. 나는 이냐시오식이라고 하는 피정을 삼십 일 동안 지도했습니다. 이냐시오 피정에서 하는 기도를 매일 다섯 시간씩 하는 것 외에 자신의 호흡과 몸의 감각을 알아차리는 이 간단한 훈련을 네다섯 시간 더 할 것을 제안했고 그들은 받아들였습니다. 나중에(어느 정도 그 방법에 익숙해지고 난 후에) 그들이 이 알아차리기 훈련을 통해 우리가 가톨릭 용어로 믿음의 기도, 침묵의 기도라고 하는 기도를 할 때와 동일한 체험을 했다고 말했을 때, 나는 별로 놀라지 않았습니다. 그들 대부분은 알아차리기 훈련을 함으로써 지금까지 기도를 통해 체험했던 것들을 한층 더 깊이 깨닫게 된다고, 즉 그런 일들을 전보다 한층 생생하고 예민하게 체험했다고 말했습니다.

여러분이 순수한 관상을 좋아한다고 다른 기도(말과 이미지와 개념을 사용해 하느님과 대화하기)를 포기하지 않기를 바랍니다. 묵상과 기도를 할 때가 있고, 관상을 할 때가 있는 법입니다. 마치 활동할 때가 있고 관상할 때가 있듯이 말입니다. 그러나 관상(내가 관상이라고 부르는)을 할 때는, 아무리 거룩한 생각이라고 해도 생각하려는 유혹에 빠지지 않도록 조심하십시오. 여러분이 기도할 때는 일과 관련된 거룩한 생각들이 — 합당한 시간에는 더없이 훌륭한 생각일지라도 — 방해가 되기 때문에 물리쳐야만 합니다. 마찬가지로 관상할 때는 이러한 특별한 양식으로 하느님과 대화하는 데 방해가 되는 모든 종류의 생각들을 과감하게 물리쳐야 합니다. 지금은 묵묵히 침묵 중에 저 거룩한 햇볕을 쬐어야 할 때이지, 햇볕의 좋은 점과 특성에 관해 생각할 때가 아닙니다. 지금은 그 거룩한 사랑하는 분의 눈을 사랑스럽게 들여다볼 시간이지, 당신에 관한 말과 생각으로 이 특별한 친교를 깨뜨릴 때가 아닙니다. 말을 통한 대화는 다음 기회로 미루십시오. 지금은 말없이 묵묵히 친교를 나누는 시간입니다.

불행하게도, 이 책에는 여러분을 도울 수 없는 중요한 문제가 하나 있습니다. 이 문제에 대해서는 개인에게 영성적으로 무엇이 필요한지 잘 아는 경험 있는 지도자의 도움이 필요합니다. 문제란, 각자 하느님과의 친교를 위해 매일 몇 시간씩 기도해야 하는지, 그중 얼마를 관상에 할애해야 할지 결정하는 일입니다. 이 문제에 대해서는 여러분의 영적

지도자가 큰 힘이 되어 줄 것입니다. 그와 의논해서, 자신이 이런 종류의 '관상'을 할 필요가 있는지부터 결정하십시오. 어쩌면 여러분은 내가 앞에서 말한 운 좋은 사람들 중에 속할지도 모릅니다. 눈을 붕대로 가리지 않고서도 손과 귀를 온전히 활용하듯, 말과 생각을 통해 하느님과 지성으로 대화하는 동안에도 신비적 '마음'으로 하느님과 깊은 친교를 나눌 수 있는 사람일 수도 있습니다. 다른 사람들은 사랑하는 그분과 침묵을 통해서만 만날 수 있지만 여러분은 침묵을 지키지 않고서도 만날 수 있는 사람일 수도 있습니다.

호흡

앞에서 나는 기도와 관상을 구분했습니다. 이 둘의 차이점은, 신심 기도와 직관 기도로 설명할 수도 있습니다.

직관 기도는 내가 관상이라고 부르는 것과 거의 같고, 신심 기도는 내가 기도라고 부르는 것과 거의 같습니다. 이 두 기도 모두 우리가 하느님과 일치하도록 이끌어 줍니다. 사람마다 자기에게 적합한 기도 형태가 있습니다. 같은 사람이라도 필요에 따라 어떤 때는 어떤 기도 양식이 다른 기도 양식보다 훨씬 적합하게 느껴질 때도 있습니다.

신심 기도 역시 마음의 기도라고 보는 것이 옳습니다. 생각하는 지성만 기도라고 한정한다면, 그것은 진정한 기도가 아니라 기껏해야 기도 준비에 지나지 않습니다. 사람들과의 대화에서 조금이라도 마음을 나누지 않는 의사소통이란 없고, 감정적인 요소가 조금도 섞이지 않은 대화란 있을 수 없습니다. 만일 어떤 대화에서 생각을 나눌 때, 감정이라고는 전혀 들어 있지 않는 대화라면 분명 그 대화에는 절친한 사이에서 개인적으로 주고받는 그런 나눔이 결여되어 있을 것입니다. 친근감으로 이끄는 소통이 전혀 없는 것입니다.

이제 앞의 방법을 변형해 직관적이라기보다 신심적인 훈련이 될 수 있는 방법을 제시하겠습니다. 여러분은 이 기도가 생각할 양이 극히 적다는 것을 알게 될 것입니다. 이 훈련을 통해 신심 기도에서 직관 기도로, 마음에서 '마음'으로 쉽게 옮겨 갈 수가 있을 것입니다. 사실 이 기도 방법은 신심 기도와 직관 기도를 절충한 좋은 예가 될 것입니다.

잠시 호흡을 의식하십시오 ….

이제 당신을 둘러싼 이 분위기 속에서 하느님의 현존을 생각하십시오 …. 숨 쉬는 공기 속에 계시는 하느님을 생각하십시오 …. 숨을 들이쉬고 내쉴 때 공기 속에 계시는 그분을 알아차리십시오 …. 당신이 숨을 들이쉬고 내 쉬는 공기 속에 계시는 그분을 의식하게 될 때 무엇을 느끼는지 주의하십시오.

이제 하느님께 자신을 표현해 보십시오. 말없이 표현하십시오. 때로는 바라보는 눈길이나 가벼운 몸짓을 통해 감정을 표현하는 것이 말로 표현하는 것보다 훨씬 강한 표현이 됩니다. 하느님께 대한 자신의 여러 감정을 말이 아니라 호흡을 통해 표현해 보면 좋겠습니다.

우선 하느님을 간절히 그리워하는 감정을 표현해 보십시오. 머릿속에서조차 아무 말도 하지 말고 다만 호흡을 통해서 "저의 하느님, 저는 당신을 그리워합니다 …" 하고 이야기하십시오. 이 감정을 심호흡을 하면서 숨을 더욱 깊이 들이마시면서 표현할 수도 있겠습니다.

이번에는 다른 태도나 감정을 표현하십시오. 신뢰하며 자기를 내어 맡기는 표현을 해 보십시오. 아무 말도 하지 말고 그냥 호흡을 통해 그분께 "저의 하느님, 저를 당신께 온전히 맡기나이다 …" 하고 이야기하십시오. 숨을 내쉬는 데 더 힘을 주어, 마치 깊이 한숨이라도 쉬는 듯이 매번 숨을 내쉬면서 표현할 수도 있을 것입니다. 숨을 내쉴 때마다 자신을 온전히 하느님의 손에 내어 맡기는 것을 느끼십시오 ….

이제 자기가 하느님 앞에서 느끼는 다른 느낌들을 잘 생각해 보고 그것을 호흡을 통해 표현하십시오. 사랑, 친근함과 친밀함, 흠숭, 감사, 찬미 ….

이렇게 하는 것이 피곤해지거든, 이 훈련 맨 처음에 했듯이 그냥 주위에 계시는, 당신이 숨을 들이쉬고 내쉬는 공기 속에 계시는 하느님을 의식하면서 평화롭게 쉬십시오 …. 그러다 분심이 들 것 같으면, 두 번째 부분에서 했듯이 다시 한번 하느님께 자신을 말없이 표현하십시오 ….

모든 것에 작용하시는 하느님의 활동을 보는 능력은 히브리인들의 사고방식과 같습니다. 이런 면은 성경에서 쉽게 찾을 수 있습니다. 우리는 부차적인 원인을 곰곰이 생각하는 데 반해, 히브리인들은 근본적인 원인을 생각하는 듯합니다. 그들이 전쟁에서 패배했습니까? 그것은 장군들이 잘못했기 때문이 아니라 하느님께서 그렇게 하셨기 때문입니다! 비가 왔습니까? 비를 내리시는 분은 하느님이십니다. 메뚜기 떼가 농작물을 망쳤습니까? 메뚜기를 보내신 분은 하느님이십니다. 심지어 그들은 하느님께서 사악한 이들의 마음을 더 완고하게 만드신다고까지 합니다.

현실에 대한 그들의 시각은 분명 편파적입니다. 그들은 부차적 원인은 완전히 무시합니다. 현실에 대한 우리의 시각도 그들과 같습니다. 아니 더 심하게 편파적입니다. 우리는 가장 중요한 원인을 무시합니다. 두통이 사라졌습니까? 히브리인들은 "하느님께서 낫게 해 주셨다"고 말할 것이고 우리는 "하느님 무슨 …, 아스피린을 먹어서 나았지" 하고 말할 것입니다. 물론 실제로는 아스피린을 통해 하느님이 낫게 해 주셨습니다. 우리는 무한하신 하느님께서 우리 삶에 작용하신다는 것을 알아차리지 못합니다. 하느님께서 통치자들을 통해 우리를 이끄시고, 상담자들을 통해 정서적 상처를 치유하시고, 의사들을 통해 건강을 되찾아 주시고, 마주치는 모든 사건을 하느님께서 안배하시고, 살아가면서 만나는 모든 사람을 하느님께서 보내시고, 하느님께서 비를 내리시고, 산들바람 속에서 우리와 함께 뛰노시고, 모든 감각을 통해 우리를 어루만지시고, 우리가 하느님을 알아들을 수 있도록 우리의 고막을 두드리는 주위의 모든 소리를 만들어 내신다는 것을 우리는 알아차리지 못합니다!

알아차림

이런 방법들로 처음 관상을 해 보았을 때, 여러분은 이 방법들의 가치를 잘못 판단하기 쉽습니다. 이 기도 방법들은 전통적인 관점에서 보면 묵상도 기도도 아닌 것처럼 보입니다. 기도를 하느님과 이야기하는 것으로 이해하고 있다면, 여기서는 거의, 아니 아무 할 말이 없습니다. 묵상은 깊이 생각하고 빛과 영감을 받아 결심을 하는 것이라고 알고 있다면, 이 방법들이야말로 묵상이라고 말할 수가 없습니다.

　여러분은 이 방법을 따라 온갖 노력을 다해 기도해도 이렇다 할 구체적인 결실을 하나도 맺지 못하게 될 것입니다. 영적 노트에 기록할 것이 하나도 없을 것입니다. 적어도 처음에는 어쩌면 영원히 없을지도 모르겠습니다. 또 기도 중에 아무것도 하지 않았고 아무 성과도 얻지 못했다는 생각에 마음이 불편할 때가 종종 있을 것입니다. 이런 형태의 기도는 젊은이들과 성과를 중시하는 사람들에게는, 그냥 자기 자신이 되어 가만히 있는 것보다 뭔가 노력하는 것을 더 중요하게 여기는 사람들에게는 더 고통스러울 것입니다.

언젠가 한 젊은이가 자기는 이 방법을 통해 아무 성과도 얻지 못한 것 같다며 불평하던 일이 기억납니다. 그는 꼼짝도 하지 않고 앉아서 공백 상태에 자신을 맡기고 있는 것이 — 기도할 때 이 기도 방법 외에 다른 어떤 방법도 생각해 낼 수가 없다는 것을 스스로 인정하면서도 — 헛수고만 하는 것 같고 심한 좌절감을 느낀다고 했습니다. 이 방법으로 기도하겠다고 앉아서는 성공도 못하면서 대부분의 시간을 분심을 없애려고 애쓰는 데 허비한다고 했습니다. 그러니 제발 자기가 기도하느라고 보내는 시간과 노력이 좀 더 가치 있게 느껴질 수 있는 방법을 알려 달라고 했습니다. 다행히 그는 이렇게 좌절감만 안겨 주는 기도 방법을 잘 견뎠고, 반년 남짓 지난 후에는 이 방법을 통해 큰 도움을 받고 있다는 소식을 전했습니다. 지금까지 기도와 묵상, 또 새로운 영감과 결심 등을 통해 도움을 받았던 것보다 이 묵상 방법을 통해 훨씬 많은 도움을 받고 있다는 것입니다. 무슨 일이 있었을까요? 그는 분명히 이 방법을 통해 커다란 평화를 얻었습니다. 그렇다고 지금 분심이 없어진 것은 아닙니다. 게다가 여전히 그전처럼 좌절감을 느끼고 있었습니다. 기도하는 과정은 하나도 달라진 것이 없었습니다. 이 방법으로 달라진 것은 바로 그의 생활이었습니다! 그는 매일 이렇듯 분심에 짓눌리는 고통스러운 방법으로 꾸준히 기도하고자 노력했습니다. 아무것도 아닌 것과 공백 상태에서 자신을 열고 마음을 고요히 하고자 노력했습니다. 몸의 감각이나 호흡 또는 소리에 정신을 집중하면서 일종의 고요를 얻으려고 애쓰는 가운데 일찍이 느껴 보지 못했던 어떤 새로운 힘을 느꼈습니다. 일상생활에서 완전히 새로운 힘을 느끼게 되었고, 그 힘이 너무도 강해 그것을 의심할 수가 없게 된 것입니다.

바로 이것이 이 기도 방법을 통해 얻게 되는 큰 도움의 하나입니다. 아무 노력도 하지 않은 것 같은데 스스로가 변화되는 것입니다. 전에는 자신의 의지로 얻으려고 노력했던 모든 덕(성실함, 단순함, 친절, 인내 등)을 이제는 아무 노력 없이 그냥 지니게 된 것처럼 느끼게 됩니다. 중독된 모든 것에서 벗어나겠다는 결심도 필요 없이, 노력하지도 않았는데 그냥 없어져 버립니다. 담배를 많이 피우거나, 술을 지나치게 많이 마시거나, 어리석게도 누군가에게 쉽사리 빠지거나 의존하는 습성이 자연히 없어지게 됩니다.

이런 일이 일어나면, 이 방법으로 기도하기 위해 보낸 시간들이 바야흐로 풍요로운 결실을 맺고 있다는 것을 알게 될 것입니다.

기쁜 추억의 신비

우리는 마음속에 과거의 사랑스런 일들이 가득한 앨범을 간직하고 있습니다. 기쁨을 안겨 준 일들에 관한 기억이 담긴 앨범을 간직하고 있습니다. 이제 이 앨범을 열고 가능한 많이 이러한 추억을 생각해 내시기 바랍니다.

전에 이런 연습을 해 본 적이 없다면, 아마 처음에는 그런 일들이 잘 생각나지 않을지도 모릅니다. 그러나 서서히 과거에 묻혀 잊고 있었던 일들이 많이 생각나게 되고, 그 사건들을 끄집어내어 하느님 앞에서 재현하는 것을 즐기게 될 것입니다. 더구나 새로이 떠오른 일들이 행복감을 안겨 주면, 그 추억을 소중히 여기며 행복감이 쉽게 사라지게 두지 않을 것입니다. 그 귀중한 보물을 마음속에 지니고 다니면서 언제고 당신 삶에 새로운 기쁨과 활력을 불어넣고 싶을 때마다 그 보고寶庫에서 꺼내어 쓸 수 있게 될 것입니다.

나는 성모님께서도 예수님의 유년 시절에 대한 소중한 추억들을 가슴 깊이 간직하고 훗날 다시 그 추억들을 사랑스럽게 되새겼을 때, 바로 이처럼 했을 것이라고 생각합니다.

깊이 사랑받았다고 느꼈던 장면으로 되돌아가십시오 …. 사랑이 어떻게 표현되었습니까? 말, 눈길, 몸짓, 친절한 행동, 편지? 그 일이 일어났을 때 경험했던 그 기쁨을 어느 정도 실제로 느낄 수 있을 때까지 그 장면에 머무르십시오 ….

기쁨을 느꼈던 장면들로 되돌아가십시오 …. 무엇이 당신에게 그런 기쁨을 주었습니까? 기쁜 소식입니까? 어떤 욕망이 충족되었기 때문입니까? 자연 풍경 때문입니까? 그 장면을 다시 보면서 그때 체험했던 바로 그 느낌을 다시 느껴 보십시오 …. 될 수 있는 한 오래 그 느낌에 머무르십시오 ….

내가 알고 있는 방법 중에서 정신 건강을 튼튼하게 하는 데 가장 좋은 방법은, 과거에 사랑과 기쁨을 느꼈던 장면으로 돌아가는 것입니다. 심리학자들이 말하는 지고의 체험을 경험하는 사람이 많습니다. 그러나 유감스럽게도 실제로 이런 체험을 하고 있을 때, 그 체험에 자신을 온전히 맡길 수 있는 사람은 매우 적습니다. 그래서 사람들은 그 체험에서 아무것도 얻지 못하거나, 극히 조금밖에 얻지 못합니다. 그들이 해야 할 일은 상상의 나래를 펴서 이 체험 속으로 돌아가 서서히 체험을 만끽하는 것입니다. 이 방법대로 해 보면, 아무리 자주 이 체험을 하더라도 매번 그 안에서 자양분을 발견하게 될 것입니다. 그 창고는 결코 줄어들지 않습니다. 거기에는 기쁨이 영원히 존재합니다.

상상 속에서 이러한 장면으로 되돌아갈 때, 그 일을 밖에서 관찰하는 일이 없도록 하십시오. 그 장면을 관찰하는 것이 아니라, 다시 살아야 합니다. 장면을 연습하고, 또다시 참여하십시오. 상상이 너무도 생생해서, 마치 난생 처음으로 지금 그 체험을 하고 있는 듯이 느껴야 합니다.

이 방법을 몇 번 연습하면 곧 이 방법의 심리적 가치를 알게 될 것입니다. 상상의 새로운 면, 즉 상상이 삶과 에너지의 근원이라는 사실을 발견하게 될 것입니다. 상상은 심리 요법과 인격 성장에 큰 도움을 줍니다. 그 상상이 사실에 근거한 것이라면 ― 실제로 일어났던 사건과 장면을 상상할 때는 ― 그 일이 실제로 일어났을 때와 똑같은 효과(즐거움이나 고통스러움)를 줄 것입니다. 만일 어둑어둑해지는 저녁 무렵에 한 친구가 나를 향해 걸어오는데, 그를 나의 원수라고 상상한다면, 심리적·신체적으로 실제로 원수가 거기에 있을 때와 똑같은 반응을 보이게 될 것입니다. 사막에서 목마른 사람이 물을 보았다고 상상한다면, 실제로 물을 볼 때 느끼는 것과 똑같은 효과를 체험하게 될 것입니다. 사랑과 기쁨을 느꼈던 장면으로 되돌아간다면, 그 사랑과 느낌을 체험함으로써 얻을 수 있었던 당시의 모든 유익함을 다시 받으며 즐기게 될 것입니다. 그것은 정말 상당히 유익합니다.

이와 같은 훈련이 영성적으로 무슨 의미가 있을까요? 우선, 이런 방법은 많은 사람이 사랑과 기쁨을 받아들일 때 느끼는 본능적인 거부감을 깨뜨려 줍니다. 그들의 삶 속에서 사랑을 받아들이고 기쁨을 환영할 수 있는 힘을 길러 줍니다. 그리하여 하느님을 체험할 수 있는 힘을 길러 줍니다. 그분을 체험함으로써 느끼게 되는 행복감과 그분의 사랑을 더더욱 마음을 열고 받아들일 수 있는 힘을 길러 줍니다. 눈앞에 있는 형제에게 사랑받고 있다는 것을 느끼지 못하는 사람이 어떻게 보이지 않는 하느님에게 사랑받고 있다는 것을 느낄 수 있겠습니까?

둘째로, 이 훈련은 하느님의 은총을 받는 데 커다란 장애가 되는, 죄의식이나 자신이 무가치하다든가 자격이 없다고 생각하는 우리의 본능적인 느낌을 극복하도록 도와줍니다. 사실 하느님의 은총이 우리 마음에 와 닿게 되면, 그 첫 번째 효과는 자신이 사랑받고 있다는 사실을, 자신이 사랑스럽다는 사실을 강하게 느끼게 되는 것입니다. 이런 훈련은 우리가 사랑스럽다는 사실을 받아들일 수 있도록 준비시켜 이러한 은총을 받을 수 있는 토대를 마련해 줍니다.

여기 이런 훈련으로 영적인 유익함을 얻을 수 있는 또 다른 방법을 소개합니다.

자기가 깊이 사랑받았다고 느꼈거나 큰 기쁨을 느꼈던 장면 하나를 생각해 보십시오 …. 이 장면 속에 계시는 하느님을 찾아내십시오 …. 그분께서는 어떤 형태로 현존하십니까?

이것은 여러분의 삶에 있어서 과거와 현재의 모든 사건 속에서 어떻게 하느님을 찾을 수 있는지 배우는 방법이 될 것입니다.

마지막 이야기

중국에 이런 이야기가 있습니다. 어느 늙은 농부가 밭을 갈려고 늙은 말 한 마리를 키웠습니다. 하루는 말이 언덕으로 도망쳤습니다. 이웃 사람들은 농부가 운이 없었다며 동정했습니다. 그때 농부는 "불행인지 다행인지 누가 알겠나?" 하고 말했습니다. 일주일 후에 그 말이 언덕에서 야생마 떼를 몰고 돌아왔습니다. 이번에는 이웃 사람들이 농부에게 운이 좋다면서 축하했습니다. 그는 "불행인지 다행인지 누가 알겠나?" 하고 말했습니다. 그런데 농부의 아들이 야생마 하나를 길들이려고 하다가 말에서 떨어져 다리가 부러졌습니다. 모두들 이 일이야말로 정말 운이 없다고 했습니다. 농부만 빼고 말입니다. 그는 이번에도 "불행인지 다행인지 누가 알겠나?" 하고 말했을 뿐입니다. 몇 주 후에 군대가 마을에 와서 그곳에 있는 건장한 젊은이들을 징집해 갔습니다. 군인들은 다리가 부러진 농부의 아들은 징집에서 제외시켰습니다. 이제 과연 다행인지 불행인지 누가 알겠습니까?

겉보기에 나쁜 일처럼 보이는 일도 사실은 좋은 일인지도 모릅니다. 겉보기에 좋은 일처럼 보이는 일도 사실은 나쁜 일인지도 모릅니다. 그러므로 그 일이 다행한 일인지 불행한 일인지 결정하는 것은 하느님께 맡겨야 합니다. 하느님께서 당신을 사랑하는 사람들에게는 모든 일이 잘되게 해 주신다는 것을 믿으며 감사드리는 것이 현명합니다. 그러면 우리도 노리치의 율리아나Julian of Norwich가 말한 저 놀랍고 신비스러운 안목으로 세상을 대하게 될 것입니다. 이제 내가 인용할 그녀의 말은 내가 읽은 글 중에서 가장 아름다운 문장이며, 가장 큰 위로를 주는 문장입니다.

"죄는 어쩔 수 없지만, 매사가 잘될 것이다. 그리하여 매사가 잘될 것이다. 그리하여 매사가 모든 면에서 잘되어 갈 것이다."

종교 박람회

모든 사람은 이야기를 좋아하고 여러분은 이 책에서 많은 이야기를 만날 것입니다. 불교, 그리스도교, 선禪, 하시디즘,* 러시아, 중국, 힌두, 수피즘*의 이야기들이며 옛날 이야기들과 요즘 이야기들입니다.

이 이야기들은 모두 특별한 가치가 있습니다. 특별한 방법으로 읽는다면 영적인 성장을 이루게 될 것입니다.

---

*하시디즘: 신비주의 색채가 짙은 유다교의 한 종파.
*수피즘: 신비주의 색채가 짙은 이슬람교의 한 종파.

이 책의 이야기를 읽는 법

세 가지 방법이 있습니다:

1. 일단 이야기 하나를 읽고 다음 이야기로 넘어가십시오. 이런 방법으로 읽으면, 그저 재미나는 일이 될 것입니다.

2. 이야기를 두 번 읽으십시오. 읽고는 곰곰이 생각하고 삶에 옮기십시오. 그렇게 하면 여러분은 신앙이 어떤 맛인지 알게 될 것입니다. 모임에서 구성원들끼리 이야기에 대한 생각을 나눈다면 더 풍성한 결실을 맺을 것입니다. 하나의 '신학'적인 모임이 이뤄지는 셈입니다.

3. 이야기에 대해 곰곰이 생각하고 나서 다시 읽으십시오. 여러분 안에 고요한 분위기를 이뤄 말이나 생각을 뛰어넘는 이야기의 그 깊은 속뜻이 절로 드러나게 하십시오. 신비스러운 느낌이 들 것입니다. 혹은 이야기를 온종일 생각해 보고 그 향기와 멜로디가 따라다니게 하십시오. 머리로 알아듣는 것이 아니라 가슴에 와 닿게 하십시오. 신비스러운 느낌이 풍겨 날 것입니다. 본디 이 이야기들은 신비스러운 목적을 두고 만들어졌습니다.

주의

　대부분의 이야기에다가 풀이를 조금씩 달아 보았습니다. 읽는 이 스스로 무슨 풀이를 해 보고 싶기도 할 것이고, 그 예가 되고자 한 것입니다. 자신의 이야기를 덧붙이십시오. 이 책에 나오는 풀이에 매이지 마십시오. 다른 사람의 식견을 곁눈질할 필요가 없습니다.

　자신이 아닌 다른 사람(사제나 이슬람 율법학자나 교우나 이웃 등)에게 그 이야기를 적용할 때 조심하십시오. 그 이야기는 도리어 해를 입힐 것입니다. 이야기에 나오는 사람 모두가 다른 사람이 아닌 바로 당신이기 때문입니다.

낱말풀이

　신학: 하느님에 관한 이야기들을 말하는 기법. 또는 그 이
　　　야기들을 듣는 기술.

　신비주의: 그런 이야기들을 들으며 자신이 달라질 만큼 그
　　　　속뜻을 맛보고 느끼는 기술.

내 맛 남이 봐 주랴

"스승님은 저희에게 이야기는 곧잘 해 주시지만 그 뜻은 밝혀 주지 않으십니다" 하고 제자가 불평했다.

스승이 대답했다.

"누가 너에게 과일을 주는데, 먼저 씹어 맛을 보고 준다면, 너는 좋겠느냐?"

너 대신 '너의' 의미를 찾아 줄 사람은 없다. 스승이라도.

새는 왜 노래를?

제자들은 하느님에 대해 궁금한 점이 참으로 많았다.

스승이 말했다.

"하느님은 우리가 모르는 분, 알 수 없는 분이네. 신에 대한 온갖 설명, 너희 물음에 대한 모든 대답은 진리를 왜곡한 것이네."

제자들은 당황스러웠다.

"그럼 스승님은 대체 왜 하느님에 대해 말씀하십니까?"

스승이 대답했다. "새는 왜 노래를 부르는가?"

새가 노래하는 것은 할 말이 있어서가 아니다. 노래가 있으니 노래하는 것이다.

학자의 말은 알아들으라고 하는 말이지만, 스승의 말씀은 이해하려고 해서는 안 된다. 숲 속의 바람 소리, 물 소리, 새 소리에 귀 기울이듯 하라. 그러면 그 말씀이 마음속에서 모든 지식을 뛰어넘는 무엇인가를 일깨워 줄 것이다.

참 영성

스승이 질문을 받았다.
"영성이란 무엇입니까?"
"내적인 변화를 가져다줄 수 있는 것이네."
"그런데 스승들에 의해 이어 내려온 전통적 방법을 제가 적용하고 있다면, 그것은 영성이 아닙니까?"
"그게 너에게 제구실을 해내지 못한다면, 그것은 영성이 아니네. 담요가 몸을 따뜻하게 해 주지 못하면 더 이상 담요가 아니듯이 말이네."
"그러면 영성도 변한다는 말씀입니까?"
"사람들은 변하고 요긴한 것들도 변하는 것이네. 하지만 한때는 영성이었던 것이 이제는 영성이 아니게 되지. 영성이라는 이름으로 불리는 것은 흔히 과거의 방법을 기록한 것에 불과하네."

옷을 사람에게 맞출 것이지, 사람을 옷에다 맞추지 말라.

새소리를 들었느냐?

인도의 힌두교도들은 하느님과 그분이 창조하신 삼라만상과의 관계를 묘사하는 아름다운 이미지들을 개발했다. "하느님은 삼라만상으로 춤추신다"고.

하느님은 춤추는 분이고 피조물은 춤이다. 춤은 춤추는 분과는 다르지만 그분이 없다면 존재할 수 없다. 춤이 여러분을 즐겁게 해준다고 해서 그 춤을 상자에 넣어 집으로 가지고 갈 수도 없다. 춤추는 이가 춤을 멈추면 춤도 끝난다.

하느님을 찾는다면서 사람은 생각이 너무 많고, 궁리가 너무 많고, 말이 너무 많다. 피조물이라고 불리는 이 춤을 볼 때조차 항상 생각하고, — 자신이나 다른 사람들에게 — 말하고, 궁리하고, 분석하고, 철학한다. 말. 말. 말. 소리. 소리. 소리.

침묵하고 춤을 바라보라. 그저 바라보라. 별, 꽃, 낙엽, 새, 돌 … 춤의 어떤 부분도 좋다. 보라. 들으라. 맡으라. 만지라. 맛보라. 그러면 머잖아 하느님 — 춤추는 그분 — 을 볼 것이다.

제자가 줄곧 스승에게 불평을 했다.

"스승님은 선禪의 마지막 비밀을 감추고 계십니다."

스승이 아니라고 했지만 제자는 곧이듣지 않았다.

하루는 스승이 제자를 데리고 언덕을 걷고 있는데 새소리를 들었다.

"새소리를 들었느냐?"

"예."

"그래, 그럼 이제 내가 숨긴 것이 없다는 것을 알겠구나."

"예."

새소리를 들을 준비가 되었다면, 진정으로 나무를 볼 준비가 되었다면 …. 그렇다면 알겠구나. 말이나 개념 따위를 넘어서.

　무엇이라고? 새소리는 수십 번 들었고 나무는 수백 그루 보았다고? 아, 그대가 본 것은 나무였던가? 아니면 나무라는 이름이었던가? 그대가 나무를 보고 그래서 나무가 보였다면, 그대는 정작 그 나무를 본 게 아니다. 그대가 나무를 보고 그래서 기적이 보일 때, 그때야 마침내 나무를 본 것이다! 새들의 노랫소리를 들었을 때, 이루 말로 표현할 수 없는 경이로움으로 마음이 가득 찬 적이 있었던가?

대나무 숲의 대나무

우리 집 개 브라우니가 귀를 쫑긋 세우고 연신 꼬리를 흔들며, 날카로운 눈초리로 나무를 뚫어져라 쳐다보고 있었다. 원숭이를 쫓고 있었던 것이다. 무슨 딴생각이 끼어들 틈이라고는 털끝만치도 없이 완전히 몰두하고 있었다. 저녁에 무엇을 먹을까, 먹을 것이 있기나 할까, 잠은 어디서 잘까 등의 걱정도 할 틈이 없었다. 브라우니는 지금까지 내가 본 것 중에서 순수한 관상에 가장 가까운 모습이었다.

여러분도 이와 비슷한 경험을 했을 것이다. 가령 재롱 피우는 고양이를 넋을 잃고 바라본 적이 있으리라. 내가 아는 한 여기에 가장 좋은 관상의 공식이 있다. "오롯이 현재에 있어라." 미래의 생각일랑 떨쳐 버려라. 과거의 생각일랑 지워 버려라. 모든 이미지와 추상적인 개념을 끊어 버려라. 오로지 현재에만 머물러라. 그러면 관상이 이루어지리라!

여러 해 수행한 제자가 스승에게 깨달음을 얻고자 간청했다. 스승은 그를 대나무 밭으로 데리고 가더니 말했다.

"저 대나무를 보아라. 얼마나 큰가? 저쪽 저 대나무를 보아라. 얼마나 작은가?"

바로 그 순간에 제자는 깨쳤다.

부처님은 깨달음을 얻기 위해 그 당시에 인도에서 행해지던 갖가지 금욕 수행을 했지만 모든 게 헛수고였다. 그러던 어느 날 보리수 아래 앉아 깨달음을 얻었다. 부처님은 깨달음의 비법을 제자들에게 말로 전했는데, 이 말씀은 초심자들에게는 무척 이상하게 들릴 것이다.

"깊은 숨을 들이쉬면, 오! 제자들아,
깊은 숨을 들이쉬고 있음을 알아라.
얕은 숨을 들이쉬면,
얕은 숨을 들이쉬고 있음을 알아라.

중간 숨을 들이쉬면, 오! 제자들아,
중간 숨을 들이쉬고 있음을 알아라."

깨달음, 몰입, 잠심.
이러한 몰입은 어린 아이들에게서 볼 수 있다. 그래서 아이들은
쉽게 하늘 나라에 갈 수 있다.

지금 거룩하기

"누가 성인입니까?"라는 물음에 부처님이 대답했다.
"시간은 순간으로 나뉘며, 순간은 찰나로 나뉜다. 찰나마다 온
전히 현재에 있을 수 있는 사람이 성인이다."

일본 무사가 적에게 사로잡혀 옥에 갇혔다. 내일이면 잔인
하게 고문당할 것이라는 생각에 밤새 잠을 이루지 못했다.
그때, 스승의 말씀이 떠올랐다.
"내일은 현실이 아니다. 지금이 유일한 현실이다."
그리하여 그는 현재에 머물렀다. 그리고 잠이 들었다.

미래가 힘을 떨치지 못하게 된 사람. 공중의 새, 들의 백합과 닮아,
내일 일을 걱정하지 않고 오롯이 지금에 있는 사람:
보라, 성인을!

말씀이 사람이 되시어

요한 복음에서:

말씀이 사람이 되시어, 우리 가운데 사셨다. … 모든 것이 그분을 통하여 생겨났고 그분 없이 생겨난 것은 하나도 없다. 그분 안에 생명이 있었으니 그 생명은 사람들의 빛이었다. 그 빛이 어둠 속에서 비치고 있다. 어둠이 빛을 이겨 본 적은 한 번도 없었다.

꾸준히 어둠을 바라보라. 머지않아 빛을 보리라. 고요히 만물을 응시하라. 머지않아 말씀을 뵈올 것이다.

말씀이 사람이 되시어 우리 가운데 사셨다 ….

사람이 되신 분을 다시 말씀으로 되바꾸려고 안간힘을 쓰는 것을 보면 딱한 노릇이다.

말, 말, 말.

엉뚱한 데서 찾기

이웃 사람이 보니 나스루딘이 땅바닥에 쭈그리고 앉아 뭔가를 찾고 있었다.

"무엇을 찾고 있습니까? 물라님."

"열쇠를 잃어버렸소."

둘은 쭈그리고 앉아 열쇠를 찾기 시작했다.

한참 후 이웃이 말했다.

"어디서 잃어버렸나요?"

"집에서."

"그렇다면, 왜 여기서 찾는 겁니까?"

"이곳이 더 밝으니까요."

하느님을 잃어버린 곳에서 하느님을 찾으라.

염화시중

삶은 병 안에 든 짜릿한 술과 같다. 술병의 딱지를 읽고 그만인 이들도 있고, 술 맛을 보는 이들도 있다.

부처님이 꽃 한 송이를 집어 들고 제자들에게 보이며, 각자에게 뭔가 말해 보라고 했다. 한참을 말없이 꽃을 바라보더니, 어느 제자는 꽃에 관해 일장 철학 강의를 펼쳤다. 다른 제자는 시를 읊었다. 또 다른 제자는 비유를 들어 설명했다. 서로 남보다 더 깊이 있는 말을 하려고 애썼다.

딱지쟁이들!

마하가섭은 말없이 꽃을 바라보고 미소를 지었다. 그만이 꽃을 본 것이다.

새 한 마리를 알 수만 있다면!
꽃 한 송이를
나무 한 그루를
한 사람의 얼굴을!
아, 시간이 없구나! 딱지를 더 많이 읽기에는 너무나 바쁘도다!
취해 본 적이라고는 없다!

신앙 양식문

신비가가 사막에서 돌아왔다.

사람들이 물었다. "말씀해 주십시오. 하느님은 어떤 분이십니까?" 그러나 마음 깊은 곳에서 체험한 것을 어찌 말로 표현할 수 있을까? 하느님을 말로 표현할 수 있는가?

마침내 그는 사람들에게 신앙 양식문 하나를 주었다. 비록 정확하고 꼭 맞는 표현은 아니지만, 행여나 그 양식문을 통해 사람들도 그가 체험한 것을 스스로 체험해 보겠다는 마음이 생기겠거니 했다.

사람들은 양식문을 붙들고 연구했다. 그것을 바탕으로 거룩한 책을 만들어 냈다. 그 책을 모든 이가 믿도록 했다. 외국에 나가 갖은 고초를 다 겪으며 전파했다. 그 책을 위해 목숨까지 잃은 사람도 있었다.

신비가는 슬펐다. 차라리 그가 아무것도 말하지 않았으면 더 좋았을 것을.

유령과 부적

어머니는 바깥에서 재미있게 놀고 있는 어린 아들을 해 지기 전에 집으로 들어오게 할 재간이 없었다. 그래서 아이에게 겁을 주었다. 해만 지면 곧 바깥에는 유령들이 나돌아 다닌다고 말했다. 이제 어머니는 저녁마다 아들을 집에 데려오려고 애쓰지 않아도 되었다.

그러나 소년은 자라서도, 어둠과 유령을 두려워했고 밤이 되면 집 밖으로 한 발짝도 나가려 하지 않았다. 그래서 어머니는 부적을 주며 이 부적이 있는 한 유령이 널 해치지 못할 거라고 안심시켰다. 그제야 그는 부적을 달고서 어둠 속을 과감하게 다닐 수 있었다.

그릇된 종교는 부적에 대한 믿음을 굳혀 준다.
올바른 종교는 유령이 없음을 알게 한다.

구루의 고양이

구루가 저녁 예배를 바치려고 앉아 있으면 번번이 아슈람(힌두교 사원)의 고양이가 뛰어 들어와 마음을 산란케 했다. 결국 스승이 예배 시간에는 고양이를 매어 두라고 일렀다.

구루가 타계한 후에도 오랫동안 고양이는 저녁 예배 시간에 묶여 있었다. 이윽고 그 고양이가 죽자, 다른 고양이를

산사에 데려다 놓고 예배 시간에 맞춰 역시 묶어 두었다.

몇 세기가 흐른 뒤, 스승의 학문을 연구하는 제자들이 유식한 논문들을 썼다. 예배에 있어서 묶여 있는 고양이의 전례적 의미에 대해.

달라지지 말게

여러 해 전부터 나는 신경질적이었다. 불안하고 우울하고, 이기적이었다. 만나는 사람마다 나에게 달라져야 한다고 말했다.

나는 그들을 원망했지만, 그들의 말에 동의하고 달라지려고 했다. 하지만 아무리 노력을 해도 달라질 수가 없었다.

가장 속상한 일은 제일 친한 친구마저 다른 사람들처럼 내가 달라져야 한다고 말했을 때였다. 나는 자신이 너무나 무력하고 속수무책임을 느꼈다.

그러던 어느 날 그 친구가 말했다.

"달라지지 말게. 난 그저 있는 그대로 자네를 사랑하네."

음악처럼 그 말이 귀에 울렸다.

"달라지지 말게. 달라지지 말게. 달라지지 말게 …. 있는 그대로 너를 사랑해."

나는 긴장이 풀렸고 곧 생기를 되찾았다. 그리고 이 얼마나 놀라운 일인가! 내가 달라졌다!

이제 나는 안다.

내가 달라지거나 말거나 나를 사랑해 줄 누군가를 발견하기 전에는 진정으로 달라질 수 없었음을.

하느님, 당신은 저를 이런 식으로 사랑하십니까?

내 친구

디나르의 아들 말리크는 이웃에 사는 방탕한 젊은이의 불량한 행동이 몹시 거슬렸다. 그는 누군가가 참견해 주려니 하며 한동안 두고 보기만 했다. 젊은이의 행동이 참고 볼 수만은 없을 지경에 이르자, 마침내 말리크는 그에게 가서 태도를 고치라고 했다.

젊은이는 눈 하나 까딱하지 않고 도리어, 술탄이 자신을 아껴 주고 있고 따라서 아무도 자신을 막을 수 없을 것이니, 함부로 건드리지 말라고 은근히 경고하는 것이었다.

"술탄에게 모든 일을 알리겠소" 하고 말리크가 말했다.

"전혀 쓸데없는 짓이오. 술탄이 나를 위하는 마음은 결코 바뀌지 않을 것이오" 하고 젊은이가 대답했다.

"그렇다면 위대한 알라신께 알리겠소" 하고 말리크가 말했다. 젊은이는 이렇게 대꾸했다. "위대한 알라신은 너무나 자비로우시니 나를 벌주지 않으실 거요."

말리크는 포기하고 젊은이의 곁을 떠났다. 그런데 얼마 후, 그의 평판이 너무 나빠서 주민들이 성토하기 시작했다.

말리크는 의무감을 느껴, 다시 젊은이를 나무라 보기로 했다. 그러나 말리크가 젊은이의 집으로 가는 길에 "내 친구를 건드리지 마라. 그는 내가 아끼는 사람이다" 하는 소리를 들었다. 그는 그만 너무 얼떨떨해서 젊은이 집에 이르러 무슨 말을 해야 할지 도무지 생각이 나지 않았다.

젊은이가 말했다.

"무슨 일로 오셨소?"

"자네를 꾸짖으러 왔지. 그러나 여기 오는 길에 한 목소리를 들었네. 자네는 당신이 아끼는 친구이니 건드리지 말라고 하는 소리였네."

그 방탕한 젊은이의 얼굴빛이 달라졌다. "그분이 나를 친구라고 했다고요?" 하고 그가 물었다. 그때 이미 말리크는 그 집을 나온 뒤였다. 몇 년 후, 말리크는 이 사람을 메카에서 만났다. 그는 목소리 이야기에 크게 감동해 가진 것을 다 버리고 뜨내기 거지가 되어 있었다. 그는 "나는 내 친구를 찾아 여기까지 왔습니다"라고 말하고는 숨을 거두었다.

하느님은 죄인의 친구인가! 위험한 말이긴 하지만 일리가 있는 말이다.

나도 이 말을 나에게 적용해 보았다.

"하느님은 자비하시니 나를 벌하시지 않으신다." 그리고 나는 불현듯 기쁜 소식을 들었다 — 난생 처음으로.

승진 시험

첫 번째 지원자가 들어왔다.

"당신이 지원한 직위를 주기 전에 간단한 시험을 치르게 하는 걸 이해할 테지?"

"네."

"그럼, 2 더하기 2는 얼만가?"

"4입니다."

두 번째 지원자가 들어왔다.

"시험 칠 준비가 되었습니까?"

"네."

"자, 그럼, 2 더하기 2는?"

"사장님께서 답이라시는 그게 답입니다."

두 번째 지원자가 진급을 했다.

정통 교리와 진리 중에, 어느 것이 먼저인가?

금빛 독수리

어떤 이가 독수리 알을 발견하고, 자기 집 닭장에 가져다 놓았다. 독수리 새끼는 병아리들과 함께 알을 까고 자랐다.

일생 동안 독수리는 닭이 하는 짓을 하며 스스로를 닭이라고만 여겼다. 땅을 파헤쳐 벌레를 잡아먹고, 꼬꼬댁 꼬끼오 암탉이 울듯 따라 울었고, 홰를 쳤다. 날개를 푸드덕거려 조금은 날 수 있었다.

세월이 흘러 독수리도 이제 늙었다. 어느 날, 구름 한 점 없는 하늘에 힘차게 나는 멋진 새를 보았다. 튼튼한 금빛 날개를 좀체로 퍼덕이는 일조차 없이 세찬 바람결 속에서 우아하고도 위풍당당하게.

늙은 독수리는 경외심에 차서 바라보며 옆에 있는 닭에게 물었다.

"저게 뭐지?"

닭이 말했다.

"새들의 왕인 독수리님이야! 딴생각일랑 하지 마, 그분과 우리는 너무나 달라."

이리하여 독수리는 아예 딴생각일랑 하지 않았고, 끝까지 자신을 닭이라고 여기다가 죽었다.

내가 누군데요?

연인이 애인 집 문을 두드렸다.

"누구세요?"

"나요."

"그럼 가세요. 이 집은 당신과 나의 것이 아니에요."

쫓겨난 애인은 사막으로 갔다. 거기서 몇 달 동안 애인의 말을 두고 곰곰이 생각했다.

그러고는 그는 돌아와서 다시 한번 애인의 집 문을 두드
렸다.

"누구세요?"

"당신이오."

문이 바로 열렸다.

예수의 눈길

루카 복음에서:

베드로는 "이 사람아, 나는 자네가 무슨 말을 하는지 모르
겠네" 하고 말하였다. 그가 이 말을 하는 순간에 닭이 울었
다. 그리고 주님께서 몸을 돌려 베드로를 바라보셨다. … 베
드로는 밖으로 나가 슬피 울었다.

나는 주님과 참 사이좋게 지낸다. 무엇을 청하기도 하고, 대
화를 하기도 하고, 찬양하기도 하고, 감사드리기도 하고 ….

그러나 늘 이런 찜찜한 느낌이 있었다. 내가 그분의 눈을
들여다보기를 그분이 바라고 계신다는 …. 하지만 나는 그
러고 싶지 않다 …. 그분께 말씀드리다가도, 그분이 날 바라
보고 계신다고 느껴지면 그만 눈길을 외면해 버린다.

두려웠던 것이다. 그 눈길에서 뉘우치지 않은 죄에 대한
나무람을 보게 될 것이라고 생각했다. 나에게 요구하시는
바도 있을 것이다. 내게 바라시는 무언가가 있을 터이다.

어느 날 가까스로 용기를 내어 바라보았다!

책망도, 요구도 없었다. 눈빛만이 그저 말하고 있었다.

"너를 사랑한다."

그리고 나는 밖으로 나가 슬피 울었다. 베드로처럼.

나그네 인생

지난 세기에, 미국서 온 관광객이 하페츠 하임이라는 유명한 폴란드인 라삐를 방문했다.

라삐의 집이라는 게 초라한 방 한 칸에 책만 가득한 걸 보고, 놀라워했다. 가구라고는 책상과 긴의자 한 개뿐이었다.

"라삐님, 가구들은 어디 있습니까?"

"당신 가구는 어디 있소?"

"제꺼요? 저야 이곳에선 그저 지나가는 길손인 걸요."

라삐가 말했다.

"나도 그렇소."

다이아몬드보다 귀한 보물

산냐시(힌두교 고행자)가 마을 어귀에 이르러 하룻밤을 지내려고 나무 아래에 자리를 잡았다. 그때 마을 사람이 달려왔다.

"돌! 돌! 귀한 돌을 주시오!"

"무슨 돌이오?" 하고 산냐시가 물었다.

"간밤에 시바(힌두교 세 주신의 하나)님이 꿈에 나타나, '해 질 녘 마을 어귀에 가면 산냐시를 만날 것이다. 그가 귀한 돌을 줄 터인데, 그걸로 큰 부자가 될 것이다' 했습니다."

　산냐시는 보따리를 뒤지더니 돌 하나를 꺼냈다.

　"이 돌 말이오?" 하며 돌을 건네주었다. "며칠 전에 숲 속 오솔길에서 주웠는데 원한다면 가지시오."

　마을 사람은 돌을 보고 눈이 휘둥그레졌다. 사람 머리만큼이나 큰 다이아몬드가 아닌가! 아마 세상에서 가장 큰 것이 아닐까 싶었다.

　다이아몬드를 움켜쥐고 집으로 돌아온 그는 그날 밤 내내 이불 속에서 이리 뒤척 저리 뒤척 한 잠도 이루지 못했다. 이튿날 새벽 동이 트자마자 그는 달려가 산냐시를 깨우고 이렇게 말하였다.

　"선생님이 이런 다이아몬드를 서슴없이 내어 줄 수 있게 하는 그 보물을 주십시오."

종교인들의 미움

한 관광객이 안내원에게 말했다.

　"이 마을에 대한 자부심이 대단하겠군요. 특히 마을에 교회가 매우 많다는 점이 인상적이네요. 확실히 이곳 사람들은 주님을 사랑하나 봅니다."

　안내원이 시큰둥하게 대꾸했다.

"글쎄요, 주님을 사랑하는지는 모르지만, 서로들 저렇게 지독히도 미워하는 걸 보면 아마 지옥이 따로 없겠죠."

"누가 이교도인가?" 하는 질문에 어느 소녀의 대답이 떠오른다. "이교도란 종교를 두고 싸우지 않는 사람들이죠."

성악가의 목소리

콘서트 홀 밖에서 엿들은 소리:

"대단한 성악가야! 목소리가 홀을 가득 메우더라."

"그래, 그 때문에 그만 자리가 모자라서 우리 몇 사람은 밖으로 밀려 나올 수밖에 없었지!"

영성 상담실 밖에서 엿들은 소리:

"어떻게 성경의 말씀대로 하느님을 사랑할 수 있을까요? 어떻게 해야 하느님께 온 마음을 바칠 수 있나요?"

"먼저 피조물을 모조리 몰아내어 마음을 비워야 한다!"

그릇된 도움말이다! 걱정 말고 사랑하는 사람들과 사물들을 마음속에 채워라. 성악가의 음성이 콘서트 홀의 좌석을 차지하지 않듯이, 하느님의 사랑도 마음속 자리를 메워 버리지 않을 테니까!

사랑은 빵 한 덩어리가 아니다. 내가 너에게 한 조각 떼어 주고 나면 그만큼 다른 사람에게 줄 것이 적어지는 그런 것이 아니다.

사랑은 성체와 같다. 내가 그 빵 한 조각을 받아 모시면 온 그리스도를 받아 모시는 것이다. 너도 온 그리스도를 받아 모시는 것이다. 그리고 그다음 사람이, 또 그다음 사람도 ….

너는 온 마음을 다해 너의 어머니를 사랑할 수 있다. 물론 너의 남편이나 아내와 자식들도 …. 한 사람 한 사람에게 온전한 사랑을 줄 수 있다. 한 사람에게 사랑을 다 준다 해서 다른 사람에게는 사랑을 덜 줄 수밖에 없게 되는 것이 아니다. 그럴수록 도리어 사람마다 더 큰 사랑을 받게 되는 것이 사랑의 놀라움이다. 네가 친구만 사랑하고 다른 사람들은 사랑하지 않는다면, 네가 주는 것은 실은 연약한 마음이다. 네가 다른 사람에게도 사랑을 준다면, 네 친구에게도 더욱 이로운 일일 것이다.

감사와 긍정

하느님을 사랑한다는 것이 무슨 뜻일까? 보이고 들리고 만져지는 사람들을 사랑하듯이 하느님을 사랑한다는 것은 아니다. 하느님을 '그분'이라고 부를 때, 우리가 흔히 쓰는 그런 뜻으로의 인간이 아니다. 하느님은 우리가 모르는 분, 전혀 다른 분이다. 하느님은 '인간'과 '사물', '남자'와 '여자'라는 말을 뛰어넘어 계신 분이다.

우리는 청중이 홀에 가득하다고 할 때와 성악가의 음성이 홀을 가득 채웠다고 말할 때, 같은 단어로 전혀 다른 두 현실을 가리킨다. 온 마음을 다해 하느님을 사랑한다고 말할 때와, 온 마음을 다해 친구를 사랑한다고 말할 때 역시 같은 단어로 전혀 다른 두 현실을 표현한다. 성악가의 음성이 실제로 홀을 가득 채우지는 않는다. 낱말이 지닌 일반적인 뜻 그대로 우리는 하느님을 사랑할 수는 없다.

온 마음을 다해 하느님을 사랑한다 함은, 삶과 삶에 따르는 모든 것을 온 마음으로 긍정함이다. 하느님이 각자의 삶에 안배하신 모든 것을 조건 없이 받아들이는 것이다.

예수님께서 "제 뜻이 아니라 아버지의 뜻이 이루어지게 하십시오"라고 하신 그런 마음가짐이다. 온 마음으로 하느님을 사랑한다는 말은, 다그 함마르셸드가 말한 유명한 말을 자기 것으로 삼는 일이다.

지나간 모든 것에 감사한다.
다가올 모든 것에 긍정한다.

이런 마음가짐은 하느님께만 드릴 수 있다. 하느님께 경쟁자란 없다. 이것이 하느님을 사랑함의 의미임을 깨달으면, 하느님을 사랑함이 친구들을 온 마음으로, 다정다감하게, 열정적으로 사랑함에 장애가 되는 것이 아님을 알 것이다.

홀이 아무리 사람들로 꽉 들어차더라도 성악가의 음성은 홀에 울려 퍼진다. 사람들이 그 소리에 방해가 되는 것이 아니다. 유일한 방해라면, 그대가 "예"와 "감사합니다"라고 말하는 태도를 버리도록 하는 사람이나 사물이다.

샘

영성 수련을 위하여

이 수련들은 어떤 힘을 지니고 있는데, 그냥 읽기만 해서는 그 힘을 체험하지 못할 것입니다. 실지로 해 봐야 합니다. 이 말은 각 수련의 거의 모든 문장에 해당됩니다. 읽기만 할 때는 감명을 주지 못하는 평범한 단어들을 모아 놓은 것처럼 보이나, 실지로 해 보면 놀랍게도 바로 이 말들이 깨달음으로 들어가는 문임을 알게 될 것입니다.

　이 책은 지성에서 감각으로, 생각에서 상상과 느낌으로, 그런 다음 바라건대 느낌과 상상과 감각을 통해 침묵으로 이끌기 위한 책입니다. 따라서 이 책을 옥상에 올라가기 위한 계단처럼 사용하십시오. 일단 옥상에 이르거든 그 계단을 떠나십시오. 안 그러면 하늘을 못 보게 될 것입니다.

일단 침묵에 이르면, 이 책은 적이 될 것입니다. 팽개쳐 버리십시오.

낯선 이

메시아가 오셨을 때
그분의 백성들은 그분을 알아보지 못했다.
그분은 여전히 가까이 계신다.
내가 그분을 마지막으로 뵌 것이 언제였던가?

내가 사랑을 베풀었던 순간들
사랑받았던 순간들을 생각해 본다.
바로 그때 하느님께서 다시 강생하셨다.
지식이 나를 해방시키고 자유롭게 할 때마다
하느님의 말씀이 다시금 계시되고 있었다.

내 마음이 억압과 불의를 보고 타오를 때마다
감추어진 속마음이 갑자기 밝혀지며
나의 방어기제들이 드러날 때마다
예언자의 불타는 눈초리가
우리의 죄를 발가벗겨 놓았다.

내가 체험한 모든 내적 치유 때
그리스도께서 손을 내밀어 나를 어루만지셨다.
내가 좌절과 암흑과 고통을 느낄 때
그분께서 수난을 겪으며 몸부림치셨다.

내가 연설을 듣다가
책을 읽다가
영화를 보다가
영감을 받았을 때
스승께서 나를 제자로 부르셨다.

그리고 내가 침묵 중에 기도하고 있을 때
저 지존의 사제께서
하느님과 나를 일치시키지 않으셨던가?

나는 최근의 일들을 돌이켜 보며
이처럼 은총이 충만했던 순간들을 알아본다.
그리고 그분께 오늘도 다시 오십사고 청한다.

그런 다음 하느님께서
나를 '메시아'로 기름을 발라 주신다고 상상한다.
그리고 내가 이 역할을 수행하는 것을 본다.
오늘 일어나게 될 모든 사건 속에서.

어둠

나는 내가 제법 점잖고, 마음이 좋고, 존경받고 있으며, 죄도 실수도 적은 편이라고 생각한다. 그러다가 가장 큰 죄인이란 모르고 죄짓는 사람이라는 것을 깨닫게 된다.

무력한 어린이들에게
'사랑'이 입히는 선의의 피해를 본다.

광적인 종교인들 안에서
잔인함의 흔적을 본다.
공정한 바리사이들이
예수님께 불리한 증거를 채택하고
그분을 없애 버리는 것이
자기들의 의무라고 여기는 것을 본다.

대제관들과 바리사이들의 고질병 때문에
나도 고통받게 될지 모른다고 생각하니 겁이 난다.

그들은 스스로에 대해 퍽 자신이 있었고
스스로가 옳다고 무척이나 확신하고 있었으며
다른 견해와 변화에 굳게 마음을 닫았다.
내가 아는 그런 종류의 사람들을 생각해 본다.

그리고 나를 …

바리사이들은 판결을 내리는 소질이 있었다.

그들에게 사람들이란 선인 아니면 악인이었다.

그들의 편견이 일단 나쁘다고 규정한 사람 안에는
어떤 좋은 점도 없었다.

나는 그와 비슷한 사람들을 생각해 본다.

그리고 나를.

내가 아는 '나쁜' 사람들을 꼽아 보고

그들이 마음속으로는

나보다 훨씬 나은 것이 아닐까 생각해 본다.

바리사이들은 지배층에 속하는 사람들이었다.

그들은 동요를 두려워했다.

나 자신을 생각해 본다.

바리사이들은 권력을 사랑했다.

그들은 너 자신을 위해 착해지라고 강요했다.

그들은 사람들을 자유롭게 내버려 둘 수가 없었다.

다시 나 자신을 생각해 본다.

마침내 바리사이들은 타협했다.

그들은 눈앞의 피고가 무죄라는 것을 알지라도

동료들에게 맞서서 자기 생각을 말할 수 있는
거룩한 용기가 부족했다.
나는 공박하고 반대하기를 두려워하며
남의 마음에 들고 싶어 하는
나 자신을 생각하며 후회한다.

나는 구세주를 죽인 그 사람들보다
그다지 나을 것이 없다.
내가 할 수 있는 말은 오직 이것뿐이다.
"주님, 저는 죄인입니다. 저를 불쌍히 여기소서."

그분께서 부드럽게 대답하시는 말씀이 들린다.
"얘야, 너는 내게 더없이 소중한 존재이니라."
도대체 무슨 말씀을 하시는 걸까?

그분께서 내 안에서 무엇을 보시는지 찾아내려고
그분의 눈을 사용한다.
내가 죄인이라는 것을 아시면서도 말씀하신다.
"너는 내게 더없이 소중한 존재이니라."

바로 그런 눈으로 나는 '죄인들'을 바라본다.
— 우리 시대의 히틀러들과 스탈린들을 …

내가 싫어하고 거부하는 사람들을 바라본다.
아마도 나는 자비심에 이르기 위해
내 안에 있는 바리사이에게서 구제되기 위해
그분의 그러한 눈이 필요할 것이다.

모험

바오로 사도의 말을 떠올린다:
"예수 그리스도의 마음이
여러분의 마음이 되게 하십시오."

주님께 당신의 마음을 주십사고 청한다.
당신께서 나의 돌심장을 꺼내 가시고
그 자리에 당신의 살심장을 넣으시는 것을 본다.

나 아닌 다른 사람의 마음을 지니고
나의 세계로 되돌아오는 낯선 감정을 느낀다.

내면에서 기도하려는 충동을 느낀다.
내가 보통 기도하는 곳으로 서둘러 가며
나의 새 마음이 예사롭지 않은 일을 하는 것을 느낀다.
나는 분주한 거리를 걷는다.
평소처럼 군중이 도처에 있는데

놀랍게도 오늘은 색다르게 그들을 바라본다.
그들의 모습이 내가 익숙해 있던 생각과 느낌과는
전혀 다른 것들을 일깨워 준다.

집으로 돌아간다.
걸으면서 나무와 새를 바라본다.
구름과 동물과 모든 자연을 …
전혀 다른 시각으로

집에서, 직장에서
내가 싫어하는 사람들을 바라본다.
그리고 나 자신이 다르게 행동하는 것을 본다.
내가 전에는 덤덤하게 느끼던 사람들을 대할 때도
같은 일들이 생긴다.
그리고 놀랍게도 내가 사랑하는 이들한테도
다르게 대하는 것을 깨닫는다.

이런 새 마음을 지니게 되자
전에는 회피하던 상황들 속에서도
강해진 자신을 느낀다.

때로는 내 마음이 부드럽게 녹는다.
또 어떤 때는 분개해서 타오른다.

나의 새 마음은 나를 자주적이 되게 한다.
나는 계속 많은 것에 애착하지만
매달리는 일은 없게 된다.
— 기꺼이, 그들이 가도록 내버려 둔다.
이 작업을 즐거운 마음으로 하려고 한다.
한 애착에서 다른 애착으로 옮겨 가면서 ….

그러다가 놀랍게도 새 마음이 나를
곤경에 처하는 상황으로 몰고 간다.
편하게 살려는 욕망을 버리게 하는 그런 일에
나 자신이 말려드는 것을 발견한다.
나는 툴툴거린다.

드디어 나는 주님 앞에 나아가
그분의 마음을 돌려 드린다.
그리스도의 그 마음을 지녀 보는 것은
흥미진진한 일이었다.

그러나 아직 그 마음을 지닐 준비가 되지 않은 것을 안다.
아직은 나 자신을 보호할 필요가 조금은 있다.

그러나 비록 내가 보잘것없는 마음을 되돌려 받는다 해도
나는 다른 사람이 되리라는 것을 안다.

비록 잠시나마
우리 주 예수 그리스도의 마음이었던
이 심장을, 이 마음을 내 안에 지닌다는 것이
무엇을 의미하는지 느껴 보았기에.

왕

예수님께서 돌아가시고 나는 골고타 언덕에 서 있다.
군중들을 의식하지도 않은 채
마치 나 혼자 있듯이
십자가 위의 저 생명 없는 몸에서 눈을 떼지 않고 있다.

그 몸을 바라보면서
마음속에서 떠오르는 생각과 느낌을 주시한다.

십자가에 못 박힌 저분이 모든 것을 빼앗긴 분임을 본다:
위엄을 빼앗기신 분
친구들과 적들 앞에서 벌거벗겨지신.

명성을 빼앗기신 분
내 마음은 그분께서 명성을 얻으셨던 시기와 장면들로 되돌
아간다.

성공을 빼앗기신 분
그분의 기적들이 절찬을 받고
하느님 나라가 바야흐로 세워질 것처럼 보이던
당당했던 세월을 상기한다.

신용을 빼앗기신 분
그렇게 당신은 십자가에서 내려오실 수가 없었다.
그렇게 당신은 스스로를 구하실 수가 없었다.
— 영락없이 당신은 사기꾼이었다.

지지를 빼앗기신 분
달아나지 않은 친구들조차
도울 힘이 없다.

당신의 하느님을 빼앗기신 분
— 아버지라고 생각했던 그 하느님을
필요할 때 구해 주시리라 믿었던 그 하느님을.

끝으로 생명을 빼앗기신 그분
여기 지상에서의 이 생존에
그분도 우리처럼 집요하게 매달리시며
놓아 버리려 하지는 않으셨다.

저 생명이 없는 몸을 바라보면서
나는 차차 이해하게 된다.
지고의 전적인 해방의 상징을.
십자가에 묶여 계시면서
예수님께서는 살아 계시며 자유로워지신다.
여기에, 패배가 아니라 정복의 비유가 있다.
저 십자가는 연민이 아니라 선망을 자아낸다.

이제 나는 당신의 위엄을 묵상한다.
우리를 노예로 만들고
우리의 행복을 파괴하는 모든 것에서
스스로를 자유롭게 하신 그분의 위엄을.

저 자유를 응시하면서
나의 노예 상태를 생각하며 슬퍼한다.
나는 여론의 노예다.
세상이 나에 대해 뭐라고 말할까 생각할까에
좌우되었던 때를 생각해 본다.

나는 성공하려는 욕망에 빠져 있다.
실수나 실패가 싫어서
도전과 위험에서 달아나던 때를 생각해 본다.

나는 인간적 위로를 바라는 욕구의 노예가 되었다.
여러 친구들의 인정과 수용에
외로움을 달래 주는 그들의 힘에
얼마나 많이 의존했던가.
그리고 친구들에 대한 강한 소유욕 때문에
자유를 잃었던 때는 또 얼마나 많았나.

나의 하느님께 대한 나의 노예 상태를 생각해 본다.
안전하고 무사하고
고통 없이 살기 위해
당신을 이용하려 들었던 때를 생각해 본다.
또한 그분에 대한 두려움의 노예가 되었던 때를.
그리고 관습과 미신을 통해
그분을 거슬러 내 자신을 보호하려고 노예가 되었던 때를.

끝으로 나는 얼마나 삶에 애착하고 있는지
갖은 두려움으로 얼마나 마비되어
친구들이나 명성을 잃을까 봐
성공이나 생명이나 하느님을 잃을까 봐
모험이라고는 엄두도 못 내고 있는가.

그러기에 십자가에 못 박힌 당신을 바라보며
나는 감탄해 마지않는다.

자신의 애착들과 싸우시며
그것들을 놓아 버리고
정복하신
수난 속에서 궁극적인 해방을 성취하신 그분을.

오늘 성금요일에
곳곳에서 사람들이
십자가에 못 박히신 분을 경배하려고
무릎 꿇고 줄지어 있는 것을 본다.
나는 이곳 골고타에서 십자가를 경배한다.
주위의 소란스런 군중을 전혀 의식하지 않고
무릎을 꿇고 이마를 땅에 댄다.
나도 십자가 위의 저 몸속에서 빛나는
자유와 승리를 누리기를 바라면서.

경배 중에
내 마음속에서 거듭 메아리치는 저 말씀들을 들었다.
"내 뒤를 따라오려면,
자신을 버리고 제 십자가를 지고 나를 따라야 한다."
"밀알 하나가 땅에 떨어져 죽지 않으면 한 알 그대로 남고,
죽으면 많은 열매를 맺는다."

노출

내가 활기를 띠게 되는 때를 생각해 본다.
그리고 죽는 때를.

활기 띤 순간의
내 모습을 그려 본다.
그리고 죽는 때의 모습을.

삶은 안전을 싫어한다.
삶은 모험을 무릅쓰는 것
스스로 위험에
죽음에까지도
노출되는 것을 의미한다.
예수님께서는 말씀하신다.
안전하기를 바라는 사람은 목숨을 잃을 것이고
목숨을 잃을 각오가 된 사람은 얻을 것이라고.

나는 생각해 본다.
모험하기를 회피했던 때를.
편안하고 안전하기를 원했던 때를.
그때는 내가 침체되었던 시간들이다.

다른 때들을 생각해 본다.
용감하게 기회를 잡으려고 하던 때를.
실수를 하고
실패를 하고
바보가 되고
남들의 비판을 받아들이던 때를.
감히 상처받을 모험을 하고
남들에게 고통 주기를 무릅쓰던 때를.
내가 활기 있게 살아 있던 때들이다!

삶은 도박이다.
겁쟁이는 죽는다.

삶은
이런 일은 좋은 것이니 추구해야 하고
저런 일은 나쁜 것이니 멀리해야 한다는
선과 악에 대한 나의 지각과 일치하지 않는다.
선과 악을 아는 나무에서 열매를 따 먹는 것은
낙원에서 떨어져 나가는 것이다.
삶이 가져다주는 것은
무엇이든 받아들일 줄 알아야 한다.
고통도 슬픔도 기쁨도.
스스로를 괴로움과 차단시킬 때

즐거움을 누리는 능력도 죽는 법.
불쾌하고 탐탁지 않은 것들을 모질게 억누르다 보면
그 무감각과 억압 속에서
경직되고 죽는 법이다.

그래서 어떤 체험도 좋거나 나쁘다고 하지 않고
현재의 순간들을
만끽하기로 결심한다.
내가 두려워하는 그런 경험들에 대해서도
할 수 있는 한
저항을 그치고 내버려 둔다.

삶은 변화와 손잡고 나아간다.
변화하지 않는 것은 죽은 것이다.
시대에 뒤떨어진 사람들을 생각해 본다.
내가 시대에 뒤떨어졌던 때를 생각해 본다.
변화도 없고, 새로운 것도 없이
똑같이 낡고 진부한 개념과 행동 양식
똑같은 사고방식, 신경증, 인습, 편견.

변화를 두려워하며 안주하는 사람은 죽은 사람이다.
지난 반년 동안 내 안에서는 무슨 변화가 있었나?
오늘은 무슨 변화가 있으려나.

주위의 모든 자연을 주시하면서
이 수련을 마친다.
꽤 유연하고
꽤 유동적이고
꽤 섬세하고
불완전하고
죽음에 노출되어 있고
또 그래서 꽤 활기에 넘쳐 있다!

한참 바라본다.

해방

그대의 몸을 전체로 의식하라.
그리고 여러 부분에서 느끼는 감각들을.

이제 그 감각들과 몸을
지켜본 그 사람에게
그대의 주의를 돌려라.

그 관찰자인 '나'는
관찰되고 있는 그 감각들과
다르다는 것을 깨달아라.

그대 스스로에게 분명하게 말해도 좋다.
"나는 이들 감각이 아니다.
나는 이 몸이 아니다."

이제 호흡을 의식하라.

그런 다음 그 호흡을 관찰해 온
그 사람에게
주의를 돌려라.

관찰자인 '나'는
관찰되고 있는 그 호흡과
다르다는 것을 깨달아라.

그대 스스로에게 분명하게 말해도 좋다.
"나는 그 호흡이 아니다."

그대가 생각하고 있는 모든 생각을 의식하라.
아마 곧 모든 생각이 사라질 것이고
그대가 의식하는 것이라고는 이 한 가지 생각뿐일 것이다.
지금 — 당장 — 내 — 정신 — 속에는 — 아무 — 생각이 —
없다.

이제 저 생각들에 참여하고 있는 그 사람에게
또는 그 생각들을 만들어 내고 있는 그 사람에게
주의를 돌려라.

그 관찰자인 '나'는
관찰되고 있는 그 생각들과
다르다는 것을 깨달아라.

그대 스스로에게 분명하게 말해도 좋다.
"나는 그 생각들이 아니다.
나는 그 사고가 아니다."

지금 그대가 체험하고 있고
전에 체험했던 어떤 느낌을 관찰하라.
특히 그 느낌이
두려움, 근심, 상심, 낙심, 자책 같은
부정적인 감정인지 관찰하라.

그 느낌을 지켜보고 있는
또는 회상하고 있는 그 사람에게로 주의를 돌려라.

그 관찰자인 '나'는
관찰되고 있는 그 느낌과

다른 존재라는 것을 깨달아라.

그대 스스로에게 분명하게 말해도 좋다.

"나는 그 느낌이 아니다."

일분 지혜

"일분 지혜라는 게 다 있나요?"

"있다 마다." 스승이 대답했다.

"하지만 1분은 너무 짧은 걸요?"

"59초는 너무 길지."

얼떨떨해진 제자에게 스승이 말했다.

"달이 뜬 걸 보는 데 얼마나 걸리나?"

"그렇다면 무엇 때문에 이렇게 몇 해에 걸쳐 영신 훈련에 힘을 쏟는 것입니까?"

"눈을 뜨는 데는 평생이 걸릴지도 모르지. 그러나 보는 것은 찰나에 이루어진다."

이 이야기들에 나오는 스승은 단 한 사람이 아닙니다. 그는 힌두교 구루요, 선禪의 노사老師요, 도교의 현자요, 유다교 라삐요, 그리스도교 수도자요, 수피교 신비가입니다. 또한 노자요, 소크라테스요, 부처요, 예수요, 차라투스트라요, 마호메트입니다. 그의 가르침은 기원전 7세기에서, 또 기원후 20세기에서 찾아볼 수 있습니다. 그의 지혜는 동양적인 것이며 또한 서양적인 것이기도 합니다. 그의 역사적 내력이 정말로 문제가 됩니까? 역사란 결국 허울의 기록이지 실재는 아닙니다. 이론의 기록이지 침묵의 기록은 아닙니다.

이 책에 나오는 일화 하나를 읽는 데 일 분밖에 걸리지 않을 것입니다. 어쩌면 스승의 말이 당혹스럽고 약 오르게 하고 전혀 의미가 없는 것처럼 생각되기도 할 것입니다. 유감스럽게도 이 책은 쉬운 책이 아닙니다! 이 책은 가르치기 위해서가 아니라 일깨우기 위해 쓰였습니다. 이 책에 숨은 — 인쇄된 글자나 이야기에 숨은 것이 아니라 그 정신과 느낌과 분위기 속에 숨은 — 지혜는 인간의 말로는 전달될 수 없는 지혜입니다. 인쇄된 글자를 읽고 스승의 수수께끼 같은 말을 이해하려고 애쓰다가, 자기도 모르는 사이에 우연히 책에 숨은 침묵의 가르침을 발견하고 깨우침을 얻고 변화될 수도 있습니다. 바로 이런 것이 지혜입니다. 여러분은 조금도 노력하지 않고서 변화되는 것입니다. 믿을 수 없겠지만 말이 아니라 말이 미치지 못하는 곳에 있는 실체에 눈을 뜸으로써 변화되는 것입니다.

운 좋게도 이처럼 깨우침을 얻을 수 있다면, 여러분은 가장 좋은 언어란 이야기되지 않은 언어요, 가장 좋은 행동이란 행해지지 않은 행동이며, 가장 좋은 변화란 의도하지 않고 저절로 생기는 변화인 까닭을 알게 될 것입니다.

주의: 이 책의 이야기들은 조금씩 읽을 것
　　　 — 한 번에 하나 또는 둘만.
　　　 정량 초과는 효험을 약화시키는 법.

이야기

스승은 비유와 이야기를 통해 가르쳤고 제자들은 즐겁게 들었다. 제자들은 이따금 답답함을 느끼기도 했는데, 뭔가 좀 더 깊이 있는 말씀을 듣고 싶은 마음이 간절했다.

스승은 확고부동했다. 제자들이 온갖 불평을 해도 스승은 이렇게 말하곤 했다.

"인간과 진리 사이의 가장 가까운 지름길은 이야기라는 것을 언젠가는 알아듣게 될 것이다."

또 한번은 스승이 이렇게 말했다.

"이야기를 업신여기지 마라. 잃어버린 금은 한 푼짜리 촛불로 찾게 된다. 깊은 진리는 단순한 이야기로 찾게 된다."

기적

어떤 사람이 스승의 뛰어난 명성을 직접 확인하려고 산을 넘고 바다를 건너갔다. 그가 한 제자에게 물었다.

"당신의 스승께서 어떤 기적들을 행하셨습니까?"

"글쎄요, 기적 천지지요. 당신 나라에서는 하느님께서 어떤 사람의 소원을 들어주시면 그걸 기적으로 여깁니다. 그러나 우리나라에서는 어떤 사람이 하느님의 뜻을 행하면 그걸 기적으로 생각합니다."

동일성

"어떻게 하면 하느님과의 일치를 찾을 수 있을까요?"

"열심히 찾으면 찾을수록 그분과의 사이에 거리가 생길 것이다."

"그러면 그 거리를 어떻게 해야 합니까?"

"그 거리라는 게 없다는 것을 알아들어야지."

"그러면 하느님과 제가 하나라는 뜻인가요?"

"하나가 아니지. 둘도 아니고."

"어떻게 그럴 수가 있지요?"

"해와 햇빛, 바다와 파도, 가수와 노래 — 하나가 아니지. 둘도 아니고."

숭배

지나치게 경의를 표하는 제자에게 스승이 말했다.

"빛이 벽에 반사되었다. 왜 벽을 숭배하느냐? 빛에 주의를 기울이거라."

운명

자기 운명에 대해 불평하는 부인에게 스승이 말했다.

"부인의 운명을 만드는 사람은 바로 부인 자신입니다."

"하지만 제가 여자로 태어난 건 제 책임이 아니잖아요?"

"여자로 태어난 것은 운명이 아닙니다. 그것은 숙명입니다. 운명이란 당신이 여성으로 태어난 것을 어떻게 받아들여서 그것으로 무엇을 이루어 가느냐 하는 것입니다."

판별력

버림받은 연인이 말했다.

"제가 당했습니다. 다시는 사랑에 빠지지 않겠습니다."

스승이 말했다.

"자네는 난로 위에 앉았다가 덴 다음 다시는 앉지도 않겠다는 고양이 같군."

철학

제자가 되기로 결심하기 전에 방문객은 스승에게 확약을 받고 싶어 했다.

"삶의 목적을 가르쳐 주실 수 있으십니까?"

"할 수 없네."

"아니면 적어도 그 뜻은요?"

"할 수 없네."

"죽음의 본질과 죽음 이후의 삶의 본질에 대해 깨우쳐 주실 수 있으십니까?"

"할 수 없네."

방문객은 비웃으며 떠나갔다.

제자들은 스승의 위신이 말이 아닌 것을 보고 몹시 당황했다.

스승이 달래며 말했다.

"너희가 삶의 본질과 삶의 의미를 맛본 적이 없다면 그걸 이해해서 무얼 하겠느냐? 나는 너희가 요리를 보고 사색하기보다는 요리를 먹기를 바란다."

다시 태어남

스승이 말했다.

"과거를 깨끗이 끊어 버려라. 그러면 깨닫게 될 것이다."

"그 작업을 하나하나 차근차근 하고 있습니다."

"성장은 단계적으로 이루어진다. 깨달음은 순간적이다."

후에 스승은 말했다.

"한 번에 껑충 뛰어라! 절벽 사이 틈을 몇 번에 나누어서 건너뛸 수는 없다."

무신론

스승이 생일날 입을 새 셔츠를 갖고 싶다고 하자 제자들은 몹시 기뻐하며 가장 좋은 옷감을 사 왔다. 마을 재단사가 와서 스승의 치수를 재고, 그는 하느님의 뜻에 따라 일주일 안에 셔츠를 만들겠다고 약속했다.

일주일이 지났다. 스승은 제자 하나를 재단사에게 보내고 셔츠를 기다리며 들떠 있었다.

재단사는 말했다.

"조금 늦어지게 되었습니다. 하지만 하느님의 뜻에 따라 내일까지는 준비될 것입니다."

다음 날 재단사는 말했다.

"죄송하지만 내일 다시 오십시오. 하느님께서 원하신다면 내일은 틀림없을 것입니다."

다음 날 스승은 말했다.

"그 사람에게 그 일을 하느님과 관련시키지 않고서는, 얼마나 걸리겠느냐고 물어보게."

달라짐

다른 사람에 대해 계속 불평하는 제자에게 스승이 말했다.

"네가 바라는 것이 평화라면, 다른 사람을 고치려고 하지 말고 너 자신이 달라져야 한다. 온 세상에 융단을 깔기보다 슬리퍼를 신고서 네 발을 보호하는 것이 더 쉽다."

다름

스승이 제자들과 함께 강둑을 거닐고 있었다.

"물고기들이 마음껏 쏜살같이 헤엄치는 걸 보아라. 바로 저런 게 정녕 즐기는 일이다."

그 말을 엿들은 어떤 낯선 이가 말했다.

"물고기가 무엇을 즐기는지 어떻게 아십니까? 선생님은 물고기가 아니지 않습니까?"

제자들은 그가 건방지다고 생각하고 있는데, 스승은 그의 기백을 알아보고서 미소를 지었다.

"벗이여, 자네는 내가 물고기가 아니라는 걸 어떻게 아는가? 자네는 내가 아니지 않나?"

제자들은 이 말이 마땅한 퇴박이라고 생각하고서 웃었다. 그 낯선 이만 그 말의 깊이에 충격을 받았다.

하루 종일 그는 그 말을 깊이 생각했다. 그러고는 수도원에 다시 와서 말했다.

"아마 선생님께서는 제가 생각했던 것만큼 물고기와 다르지 않으신지도 모르겠습니다. 또는 저와 선생님과도요."

진짜

스승은 졸업장이나 학위 따위에 관심을 가지지 않았다. 그는 증명서가 아니라 그 사람을 자세히 보았다.

한번은 그가 이렇게 말하는 것을 들었다.

"새가 노래하는 것을 들을 귀가 있다면, 새의 자격 증명서를 볼 필요가 없다."

사랑

갓 결혼한 부부가 말했다.

"우리의 사랑이 지속되게 하려면, 우리가 무엇을 해야 할까요?"

스승이 말했다.

"다른 것들을 둘이서 함께 사랑하여라."

흐름

스승이 곧 죽으리라는 것이 분명해지자, 제자들은 풀이 죽었다. 스승은 미소를 지으며 말했다.

"너희들은 죽음이 삶에 사랑스러움을 부여한다는 것을 모르느냐?"

"싫습니다. 우리는 선생님께서 절대로 돌아가시지 않는 것이 더 좋습니다."

"무엇이든 참으로 살아 있는 것은 죽어야 한다. 꽃들을 보아라. 플라스틱 꽃만이 죽지 않는다."

부

사업가가 물었다.

"영성이 저처럼 세속적인 사람에게 어떤 도움이 될까요?"

스승이 말했다.

"더 가지도록 도와줄 것이오."

"어떻게 말입니까?"

"덜 가지고 싶도록 가르쳐 줌으로써."

자연

한 강사가 현대 세계에서 무기에 사용되는 막대한 비용의 작은 부분만으로 어떻게 온 인류의 모든 물질적인 문제를 해결할 수 있는지 설명했다.

강의를 듣고 난 제자들은 당연히 이런 반응을 보였다.

"그런데 인간들은 왜 그렇게 어리석지요?"

스승은 엄숙하게 말했다.

"사람들이 인쇄된 책들을 읽기를 배웠기 때문이다. 인쇄되지 않은 책들을 읽는 기술을 잊어버린 것이다."

"인쇄되지 않은 책의 예를 하나 들어 주십시오."

그러나 스승은 예를 들어 주지 않았다.

어느 날 제자들의 끈덕진 질문에 대한 답으로 스승은 말했다.

"새들의 노래, 벌레들의 소리가 모두 진리를 울려 퍼지게 하고 있다. 풀들과 꽃들이 모두 길을 가리키고 있다. 들어라! 보아라! 그것이 바로 읽는 방법이다."

천국

사후의 삶에 대한 생각에 사로잡혀 있는 한 제자에게 스승이 말했다.

"왜 내세를 생각하느라고 단 일 분인들 낭비하느냐?"

"하지만 안 그럴 도리가 있습니까?"

"있지."

"어떻게요?"

"천국을 여기서 지금 삶으로써."

"그런데 천국이 어디에 있지요?"

"지금 여기가 천국이다."

무교육

"당신네 스승은 무엇을 가르치십니까?" 방문객이 물었다.

"아무것도 안 가르치십니다." 제자가 대답했다.

"그러면 왜 강화를 하시지요?"

"선생님께서는 길을 가리키실 뿐이지, 아무것도 가르치시지는 않습니다."

방문객은 이 말이 무슨 뜻인지 알아들을 수가 없었다. 그래서 제자는 좀 더 분명하게 설명했다.

"만일 선생님께서 가르치시고자 했다면, 우리는 그분의 가르침을 듣고 신조를 가지게 되었을 것입니다. 선생님께서는 우리가 믿는 것에 대해서는 관심이 없으시고 다만 우리가 보는 것에 대해서만 관심이 있으십니다."

겉모양

스승은 무엇이건 선동적인 것에는 항상 눈살을 찌푸렸다. 거룩함은 평범함 속에서만 찾을 수 있다고 주장했다.

기괴함에 가까운 고행 양식을 시도하고 있는 한 제자에게 스승이 말했다.

"거룩함은 신비스러운 것이다. 클수록 적게 눈에 띈다."

말

제자들은 노자의 금언을 토론하며 열중해 있었다.

아는 자는 말하지 않는다.
말하는 자는 알지 못한다.

스승이 오자 그들은 그 말이 정확히 무슨 뜻인지 물었다.

스승이 말했다.

"너희 중에서 누가 장미의 향기를 아느냐?"

모두들 안다고 했다.

그러자 스승이 말했다.

"그걸 말로 표현해 보아라."

모두 말이 없었다.

훈련

제자들은 스승이 매일 아침 정원에서 어떤 묵상을 하는지 알고 싶어 했다.

스승이 말했다.

"조심해서 보면, 장미 덩굴에 만발한 장미가 보인다."

"왜 장미 덩굴을 '조심스럽게' 보아야 합니까?"

"그렇지 않으면 장미 덩굴을 보는 게 아니라, 장미에 대한 자신의 선입견을 보게 될 것이다."

뽐내지 않음

유명한 영성 지도자 한 사람이 스승에게 와서 말했다.

"저는 기도를 할 수가 없습니다. 성경을 이해할 수가 없습니다. 제가 다른 사람들에게 제시하는 수련을 제 자신이 할 수가 없습니다."

스승이 유쾌하게 말했다.

"그러면 그걸 모두 다 안 하면 그만 아닙니까?"

"하지만 어떻게 그만둘 수가 있습니까? 저는 거룩한 사람다워야 하고, 이 방면에 제자들도 있습니다."

후에 스승은 한숨을 쉬며 말했다.

"오늘날 거룩함이란 실재가 없는 이름뿐이구나. 그것은 이름과는 관계없는 실재일 때만 진짜인데."

겸허

스스로를 진리의 추구자라고 말하는 어느 방문객에게 스승은 말했다.

"당신이 찾는 것이 진리라면, 모든 것에 앞서 한 가지 갖추어야 할 것이 있습니다."

"알고 있습니다. 진리에 대한 넘치는 열정이지요."

"아닙니다. 자기가 잘못일지도 모른다고 끊임없이 인정할 용의가 있어야 합니다."

말 없는 말

결혼 생활에 문제가 생긴 사람이 스승에게 충고를 청하자, 스승이 말했다.

"부인의 말에 귀를 기울일 줄 알아야 합니다."

그 사람은 이 충고를 가슴 깊이 받아들였고, 한 달 후에 와서는 자기는 아내가 하는 모든 말에 귀 기울일 줄 알게 되었다고 했다.

스승은 미소를 지으며 말했다.

"이제 집에 가서, 부인이 말하고 있지 않은 모든 말에 귀를 기울이시오."

시련

"재난은 성장과 깨우침을 가져온다"고 스승이 말했다.

그리고 다음과 같이 설명했다.

"어느 새가 황량한 광야 복판 시든 나뭇가지에 살았다. 어느 날 회오리바람이 그 나무를 뿌리째 뽑아 버려 가엾은 새는 할 수 없이 보금자리를 찾아서 백 리도 넘게 날아가야 했다. 마침내 과일나무 숲에 이르렀다."

그리고 스승은 말했다.

"만일 그 시든 나무가 살아남았다면, 그 새가 자신의 안전을 포기하고 날아갈 이유가 없었을 것이다."

무자격

스승은 우리가 하느님께 이르는 데 결정적인 장애가 되는 것은 '하느님'이란 단어와 개념이라고 주장했다.

이 말에 그 지방 사제가 어찌나 격분을 했던지, 스승과 논쟁을 하려고 달려왔다.

사제가 말했다.

"하지만 분명히 '하느님'이란 단어는 우리를 하느님께 이끌 수 있지요?"

스승은 조용히 말했다.

"그렇습니다."

"어떻게 도움이 될 수 있는 것이 장애가 될 수 있습니까?"

"당신을 문 앞까지 데리고 온 그 당나귀가 당신을 집 안으로 들어가게 하는 수단은 아닙니다."

예술

"스승이 왜 필요합니까?" 누군가가 물었다.

제자가 대답했다.

"당신이 늘 알고 있는 것을 가르쳐 주고, 당신이 늘 보고 있는 것을 보여 주기 위해서입니다."

이 말을 듣고 방문객이 어리둥절해하자 제자가 목소리를 높여 말했다.

"어떤 예술가가 나에게 그림을 통해 석양을 바라보게 가르쳤습니다. 스승은 가르침을 통해 매 순간의 현실을 보도록 가르치셨습니다."

긍정

아들의 죽음으로 크게 상심한 부인이 스승에게 위로를 받으러 왔다. 스승은 그녀가 쏟아 놓는 슬픈 이야기를 느긋이 들었다. 그런 다음 부드럽게 말했다.

"내가 당신의 눈물을 닦아 줄 수는 없습니다. 나는 다만 당신이 그 눈물을 어떻게 거룩하게 만들 수 있는지를 가르쳐 줄 수 있을 뿐입니다."

드러냄

한번은 제자들이 독서의 유익함에 대해 토론을 벌였다. 더러는 독서가 시간 낭비라고 했고 더러는 아니라고 했다.

스승에게 도움을 청하자 스승이 말했다.

"너희는 책을 읽다가 독자가 책 가장자리에 긁적거려 놓은 글들이 그 책의 내용만큼이나 빛을 주는 경우를 체험한 적이 있느냐?" 제자들은 그렇다며 고개를 끄덕였다.

스승이 말했다. "삶이 바로 그런 책의 하나다."

지혜

스승은 사람들이 자신의 무지를 인정하는 것을 들으면 항상 기뻐했다.

"지혜는 스스로의 무지를 인식하는 만큼 자란다"고 스승은 주장했다.

설명을 해 달라는 요청을 받자 스승이 말했다.

"네가 오늘은 어제 생각했던 것만큼 지혜롭지 않다는 것을 알게 될 때, 너는 오늘 그만큼 더 지혜롭다."

사고

철학자가 말했다. "선생님께서는 왜 사고思考에 대해서 그렇게 조심스러워하십니까?"

"사고란 우리가 세계를 조직하기 위해 지니고 있는 유일한 도구입니다."

"맞는 말씀입니다. 그러나 사고는 세상을 너무나 잘 조직해서 더는 세상을 볼 수 없게 할 수도 있지요."

스승은 후에 제자들에게 말했다.

"생각이란 스크린이지 거울이 아니다. 그러기에 너희는 사고의 봉투 속에서 실재와는 닿지 않은 채 살고 있다."

한계

스승은 그를 방문한 대학 교수들을 정중하게 맞이했다. 그러나 그들의 질문에 대답을 하거나 신학적 공론에 말려드는 일이 없었다.

이것을 보고 감탄해 마지않는 제자들에게 스승이 말했다.

"우물 안에 사는 개구리에게 바다에 대해 말할 수 있겠느냐? 자기들의 개념으로 한정된 사람들에게 하느님에 대해 이야기할 수 있겠느냐?"

전체주의

스승이 주교에게 종교인들은 본래 잔인한 경향이 있다고 말하자 제자들이 당혹스러워했다.

"왜 그렇습니까?" 주교가 떠난 후에 제자들이 물었다.

"그들 모두가 목적을 추진하기 위해 너무 쉽사리 사람들을 희생시키기 때문이지."

알아보기

스승이 나이가 들고 쇠약해지자, 제자들은 그에게 죽지 말라고 간청했다.

스승은 말했다.

"내가 가지 않으면, 어떻게 너희가 볼 수 있게 되겠느냐?"

"선생님께서 저희와 함께 계실 때 저희가 보지 못하는 것이 무엇입니까?"

그러나 스승은 말하려 하지 않았다.

죽음이 임박했을 때, 그들이 말했다. "선생님께서 가시고 나면 우리가 무엇을 보게 됩니까?"

스승은 눈을 반짝이며 말했다.

"내가 한 것이라고는 강둑에 앉아서 강물을 나누어 준 것뿐이었다. 내가 가고 나면, 너희가 강을 알아보게 되리라고 생각한다."

도피

스승은 살아 있을 때 전설적인 인물이었다. 한번은 하느님께서 그의 조언을 구하러 오셨다고 한다.

"나는 인간들과 숨바꼭질을 하며 놀고 싶다. 천사들에게 어디에 숨으면 제일 좋겠느냐고 물었지. 바다 깊숙이 숨으라고도 하고, 높은 산꼭대기에 숨으라고도 하더군. 더 멀리 달이나 저 먼 별에 숨으라고 하더군. 자네 생각은 어떤가?"

스승은 말했다.

"인간의 마음속에 숨으십시오. 거기 숨어 계시리라고는 생각도 못할 것입니다."

개구리의 기도 1

경고

　사람의 마음은 진리를 추구합니다. 그 안에서만 자유와 기쁨을 찾을 수 있기 때문이지요. 그러나 진리에 대한 사람들의 첫 반응이 적대감과 두려움이라는 것은 참으로 신기한 일입니다. 그래서 예수님이나 부처님 같은 인류의 위대한 영적 스승들은 청중이 느끼게 될 저항감에 선수를 쳐서 이야기하는 방법을 고안해 냈습니다. 가장 매혹적인 말은 "옛날 옛적에 …"라는 말임을 알고 있었던 것입니다. 진실에 맞서기는 쉽지만, 이야기를 물리치기란 불가능합니다. 『마하바라타』*Mahabharata*의 저자 비샤*Vyasa*는 "이야기 하나를 주의 깊게 듣는다면 당신은 결코 그 전과 같을 수는 없으리라"고 말합니다. 이야기가 여러분 마음속으로 들어가 서서히 거룩함을 방해하는 장벽을 무너뜨릴 것이기 때문입니다. 이 책의 이야기들을 그저 재미로 읽는다고 해도, 어떤 이야기 하나가 그 장벽을 뚫고 들어가 예상하지도 못했던 순간에 그 장벽을 무너뜨리지 말라는 법은 없습니다. 따라서 여러분은 이미 경고를 받은 것입니다!

여러분이 깨달음을 얻기 위해 무모할 정도로 용기가 있다면 이렇게 해 보라고 권합니다.

첫째: 이야기 하나를 마음에 잘 품고 있다가 한가한 때 다시 음미하십시오. 그러면 그 이야기는 여러분의 잠재의식에서 활동하다가 숨은 의미를 드러내 줄 것입니다. 어떤 사건이나 상황을 환히 꿰뚫어 보아야 할 때, 뜻밖에도 그 이야기가 통찰력을 주고 내적으로 치유해 주는 것을 보고 무척 놀랄 것입니다. 그때서야 이야기의 깊은 의미를 깨달으면서, 자신 말고는 어떤 스승도 필요 없는 깨달음에 관한 강좌를 하나 청강하고 있었음을 깨닫게 될 것입니다.

둘째: 이 이야기들 하나하나가 진리를 드러내는 것이고 또 진리입니다. 진리란 당신에 대한 진실을 뜻하는 것이니만큼, 이야기 하나를 읽을 때마다 반드시 오로지 스스로를 더 깊이 이해하게 되길 바라면서 읽도록 하십시오. 이를테면 의학 책을 읽듯이, 자기한테 그런 증세가 있지나 않나 하며 읽으십시오. 심리학 책을 읽듯이, 친구들의 전형적인 실례가 된다고 생각하며 읽지 마십시오. 다른 사람을 살펴보려는 유혹에 빠지면 이야기는 여러분에게 해가 될 것입니다.

● ● ●

물라(이슬람교 스승) 나스루딘은 진리에 대한 사랑이 너무나 열정적이어서 코란 학자를 찾아 먼 곳까지 여행하며, 장터에서 자기 신앙의 진리에 대해 토론을 벌일 때 이교도들을 끌어들이는 데 거리낌이 없었다.

어느 날 그의 아내는 그가 얼마나 그녀를 부당하게 대우하는지 말했다. 그러고는 자기 남편이 그런 종류의 진리에는 전혀 관심이 없다는 것을 알게 되었다!

중요한 것은 이런 종류의 진리뿐이다. 우리 가운데 학자와 공상가들이 — 그가 수도자든 세속인이든 — 우리들의 이론과 독단적인 주장들을 과시하기 위해 쏟는 열정을 자신을 아는 데 쏟는다면 정녕 세상은 딴 세상이 될 것이다.

● ● ●

옛날에 경건하고 신심도 깊고 하느님 사랑으로 가득 찬 한 부인이 있었다. 그 부인은 아침마다 교회에 갔다. 가는 길에 아이들이 큰 소리로 외치고 거지들이 말을 걸었지만, 부인은 기도에 심취해서 그들을 쳐다보지도 않았다.

그런데 어느 날 그녀는 늘 하던 대로 거리를 걸어서 예배 시간 직전에 교회에 도착했다. 부인이 문을 밀었지만 열리지 않았다. 그녀는 다시 힘껏 문을 밀고는 문이 잠겨 있다는 것을 알았다. 수년 만에 처음으로 예배에 참석하지 못하는 구나 생각하니 슬퍼서 어찌할 바를 몰랐다. 그런데 고개를 들어 보니 메모가 문에 붙어 있었다.

"나는 저 밖에 있다!"

● ● ●

어느 날 밤 브루노 수사는 기도를 하다가 개구리 한 마리가 개굴개굴 울어 대는 소리에 분심이 되었다. 그 소리를 무시하려고 애썼으나 모두 허사였다. 그는 창문을 열고 외쳤다.

"조용히 해라! 기도 중이다."

브루노 수사는 성인이었기에 그의 명령은 즉각 실행되었다. 기도하기에 좋은 고요한 분위기를 만들기 위해 삼라만상이 잠자코 있게 되었다.

그러나 이제는 또 다른 소리가 기도를 방해했다. ― 내면의 목소리가 말했다.

"하느님께서는 어쩌면 네가 시편을 노래하는 것을 기뻐하시듯이 저 개구리가 개굴개굴 우는 소리를 기뻐하실지도 모르지."

"개구리 우는 소리가 하느님 귀에 듣기 좋으시겠어?" 하고 브루노 수사는 비웃으며 대꾸했다. 그래도 그 목소리는 포기하려 들지 않았다.

"하느님께서 왜 그 소리를 만들어 내셨다고 생각해?"

브루노 수사는 이유를 찾아내기로 결심했다. 그는 창 밖으로 몸을 내밀고 명령했다.

"노래하라!"

그러자 개구리가 박자에 맞춰 개굴개굴 우는 소리가 밤하늘을 메우더니 근처에 있던 모든 개구리의 우스꽝스러운 반주에 맞추어 울려 퍼졌다. 그리고 브루노 수사가 그 소리를 주의 깊게 들었을 때, 더 이상 방해가 되지 않았다. 안 들으려고 애쓰지 않는다면, 그 소리들은 오히려 밤의 고요를 짙게 해 준다는 것을 알게 되었다.

그것을 알고 나자 브루노 수사의 마음은 삼라만상과 조화를 이루게 되었고, 난생 처음으로 기도한다는 것이 무엇을 의미하는지 이해했다.

● ● ●

스승이 기도하고 있는데 제자들이 와서 말했다. "선생님, 저희에게 기도하는 법을 가르쳐 주십시오."

이것이 그가 가르쳐 준 방법이다.

두 남자가 들판을 걸어가다가 성난 황소 한 마리를 보았다. 성난 황소가 뒤를 쫓아오자 그들은 가장 가까운 울타리 쪽으로 달려갔다. 그러나 울타리에 도달하기 전에 황소에게 잡힐 것 같았다. 그러자 한 사람이 다른 사람에게 외쳤다.

"이제 끝장이다! 아무것도 우릴 구할 수 없어. 기도문 하나 외워, 빨리!"

다른 사람이 되외쳤다.

"난 평생 기도를 해 본 적 없어. 이럴 때 바치는 기도를 아는 것도 없고."

"상관없어. 황소가 우릴 따라잡고 있어! 아무 기도나 해."

"우리 아버지가 식사 전에 하시던 기도가 있는데 그걸 바치기로 하지. 주님, 우리가 받게 될 것들에 대해 진정 감사하게 해 주십시오."

만사를 있는 그대로 받아들이는 것을 배운 사람들의 거룩함보다 더 나은 것은 세상에 없다.

인생이라는 카드 게임에서 사람은 자기가 받은 패를 가지고 자신의 능력을 최대한 발휘한다.

주어진 패를 가지고 게임을 하지 않고 받았어야 할 패를 갖고 싶어 하는 사람들 — 이들은 인생의 실패자다.

우리는 게임을 하겠느냐는 질문을 받지 않았다. 그것은 선택이 아니다. 우리는 게임을 해야 한다. 선택할 수 있는 것은 방법이다.

• • •

어떤 남자가 버스에 올라 보니 옆에 히피처럼 보이는 젊은 이가 앉아 있었다. 그는 구두를 한 짝만 신고 있었다.

"자네, 구두 한 짝을 잃어버린 게로군."

"아니요, 한 짝을 찾은 겁니다."

나한테 분명하다는 것, 그렇다고 그것이 사실은 아니다.

● ● ● ●

어떤 사람이 새로 산 사냥개를 데리고 시험 사냥을 나갔다. 이내 그는 오리 한 마리를 쏘아 호수에 떨어뜨렸는데, 그 개가 물 위로 걸어가 오리를 물어서 주인에게 가져왔다. 그는 놀라서 어안이 벙벙해졌다! 그리고 오리를 또 한 마리 쏘았다. 다시 한 번, 그가 믿기지 않아 눈을 비비고 있는 동안, 그 개는 물 위로 걸어가 오리를 물어 오는 것이었다.

눈으로 보고도 도무지 믿기지가 않아서 그는 다음 날 이웃 사람과 사냥을 나갔다. 개 주인이나 이웃이 새를 쏘아 맞힐 때마다, 개는 물 위를 걸어가 새를 물어다 주었다. 그는 아무 말도 안 했고 이웃도 아무 말이 없었다.

드디어 그는 더 참을 수가 없어서 불쑥 말해 버렸다.

"저 개한테서 뭔가 이상한 점이 눈에 안 띄었습니까?"

이웃은 깊은 생각에 잠긴 듯 턱을 문지르더니 말했다.

"그래요, 생각났어요! 저 못난 녀석은 헤엄칠 줄 모르나 보군요."

삶이 기적들로 가득하지 않은 게 아니다. 그 이상이다. 삶은 기적이다. 그리고 삶을 당연히 여기기를 멈추는 사람 누구나 그것을 보게 될 것이다.

● ● ●

한 명은 결혼을 했고 한 명은 독신인 형제가 농장을 갖고 있었다. 그 농장은 땅이 비옥해서 풍성한 수확을 거두었다. 곡식의 반은 형이, 그리고 나머지 반은 아우가 가졌다.

처음에는 만사가 잘 돌아갔다. 그러다가 때때로, 결혼한 형이 밤에 자다가 깜짝 놀라 깨어 생각했다.

"이건 아무래도 공정하지 않아. 동생은 혼자인데 수확의 반만 가져가고 있어. 나야 아내가 있고 자식이 다섯이나 있으니, 노년에 필요한 것은 다 보장되어 있는 셈이지. 하지만 가엾은 동생은 늙으면 돌봐 줄 사람이 누가 있겠나? 동생은 장래를 위해 지금보다 훨씬 많이 저축해야 해. 그러니 나보다 동생이 훨씬 더 필요할 거야."

그런 생각으로 그는 자리에서 나와 동생 집에 몰래 들어가서 동생 곳간에다 곡식을 한 섬 쏟아 놓곤 했다.

독신인 동생 역시 밤이 되면 이런 생각에 시달렸다. 때때로 그는 자다가 깨어 혼잣말을 했다.

"이건 공정하지 않아. 형님은 형수님이 있고 아이가 다섯이나 있는데 수확의 반만 가져가고 있어. 나야 나만 먹고 살면 되지. 나보다 훨씬 더 많이 필요한 가난한 형님이 나하고 똑같이 나누어 가져서야 옳단 말인가?" 그래서 그는 자리에서 나와 곡식을 한 섬 지고 형의 곳간에 갖다 붓곤 했다.

하루는 둘이 동시에 나왔고, 등에 곡식을 한 섬씩 짊어진 채 서로 마주쳤다!

여러 해 후에 그들이 세상을 떠난 다음, 그 이야기가 번져 나갔다. 그래서 마을 사람들이 사원을 하나 짓고 싶어 했다. 사람들은 두 형제가 만났던 지점을 택했다. 마을 안에서 그곳보다 더 거룩한 장소를 생각할 수 없었다.

종교적으로 사람들이 구분되는 중요한 점은 예배드리는 사람이냐 예배드리지 않는 사람이냐가 아니라, 사랑하는 사람이냐 사랑하지 않는 사람이냐에 있다.

● ● ●

한 취객이 어느 날 밤 비틀거리며 다리를 건너가다가 친구와 마주쳤다. 두 사람은 다리 난간에 기대어 잠시 이야기를 나누었다.

"저 아래 저게 뭐지?" 하고 취객이 갑자기 물었다.

"그건 달이야" 하고 친구가 말했다.

취객은 다시 바라보더니 못 미더워하며 고개를 저었다.

"그렇군. 그런데 내가 어떻게 이 위에까지 올라왔지?"

우리는 거의 실재를 보는 일이 없다. 우리가 보는 것은 말이나 개념의 형태로 된 실재의 한 반영이지만, 우리는 그것을 보고는 실재인 양 여긴다. 우리가 살고 있는 세계는 대부분 하나의 지적知的 구조물이다.

● ● ●

제자: 지식과 깨달음의 차이는 무엇입니까?
스승: 네가 지식을 갖추면 너는 길을 비추기 위해 횃불을 사용한다. 네가 깨달음을 얻으면, 너는 횃불이 된다.

● ● ●

한 무리가 중국 식당에서 음악을 들으며 즐기고 있었다.
　독주자가 어렴풋이 귀에 익은 곡을 연주하기 시작했는데, 모두 그 곡을 들은 적은 있으나 제목을 기억하는 사람이 없었다. 그래서 그들은 멋지게 차려입은 웨이터를 손짓해 불러서 연주자가 무엇을 연주하고 있는지 알아봐 달라고 부탁했다. 웨이터는 식당 마루를 가로질러 어기적어기적 걸어갔다 오더니 얼굴에 의기양양한 빛을 띠고서 낮은 목소리로 자신 있게 말했다. "바이올린이래요."

영성에 대한 학자의 기여!

옛날에 한 고행자가 있었다. 그는 독신 생활을 하며 자신과 다른 이들 안에 있는 성性에 대항하는 것을 사명으로 삼고 살았다.

그러다가 그가 죽었다. 충격을 견딜 수 없었던 제자도 얼마 후에 따라 죽었다. 그 제자가 다른 세상에 도착했을 때 자기 눈을 의심하지 않을 수 없었다. 사랑하는 스승이 빼어나게 아름다운 여인을 무릎에 앉혀 놓고 있지 않은가!

그러나 스승이 지상의 금욕생활에 대한 보상을 받고 있다는 데 생각이 미치자 충격은 사라졌다.

"선생님, 이제 저는 하느님께서 의로우시다는 것을 알겠습니다. 선생님께서 지상에서 수행하신 금욕생활에 대해 천국에서 보상을 받고 계시는군요."

스승은 속이 상하는 기색이었다.

"천치 같으니! 여기는 천국이 아니야. 난 보상을 받고 있는 것도 아니고. 이 여자는 벌을 받고 있어."

구두가 발에 맞을 때 발이 잊혀지고, 띠가 허리에 맞을 때 허리가 잊혀지고, 만사가 조화를 이룰 때 자아는 잊혀진다.

당신의 금욕생활은 그렇다면 무슨 소용이 있나?

· · ·

마을의 한 할머니가 거룩한 현시를 보았다는 소문이 났다. 그 소문을 들은 마을의 사제가 진짜인지를 입증해 보이라고 했다.

"다음에 하느님께서 나타나시거든 그분 혼자만 아시는 나의 죄를 말씀해 주십사고 청하십시오. 그거면 충분한 증거가 될 것입니다."

한 달 뒤에 할머니가 돌아왔다. 사제는 하느님께서 나타나셨느냐고 물었다. 할머니는 그렇다고 말했다.

"그 질문을 했습니까?"

"했어요."

"그래, 뭐라고 하시던가요?"

"그분은 말씀하셨어요. '그에게 가서 알려라. 나는 그의 죄를 잊어버렸다.'"

그대가 저지른 끔찍한 모든 일을 모든 사람이 다 잊어버리는 것이 가능한가? 그대만 제외하고서?

· · ·

라삐 모크쉐가 죽은 지 얼마 안 되어, 코티크의 라삐 멘델이 모크쉐의 한 제자에게 물었다.

"자네 스승이 가장 중요하게 여기신 것이 무엇이었나?"

그 제자는 잠시 생각하더니 말했다.

"어떤 일을 하든지 간에 바로 그 순간에 하는 것입니다."

● ● ●

한 구루가 제자들에게 언제 밤이 끝나고 날이 새는지, 밤낮이 바뀌는 때를 어떻게 분간할 수 있는지 물었다.

한 제자가 말했다.

"멀리 있는 짐승을 보고 그게 소인지 말인지를 분간할 수 있게 되는 때지요."

"아니다."

다른 한 제자가 말했다.

"멀리 서 있는 나무를 보고 멀구슬 나무인지 망고 나무인지 알 수 있게 되는 때지요."

"틀렸다."

"글쎄요, 그렇다면 그게 언제입니까?" 제자들이 물었다.

"어떤 남자의 얼굴을 들여다보든 그 안에서 형제를 알아보게 되는 그때, 어떤 여자의 얼굴을 들여다보든 그 안에서 자매를 알아보게 되는 그때다. 이것을 할 수 없다면, 아무리 해가 중천에 떴다 하더라도 여전히 밤이다."

●●●●

매주 안식일 밤에 라삐가 사라지자 회중은 호기심이 생겼
다. 그들은 그가 전능하신 분을 은밀히 만나고 있으리라 짐
작하고서 교인 중 한 명에게 뒤따라가 보게 했다.

라삐는 농부 차림으로 변장하고는 어떤 중풍 들린 이방인
여인의 오두막에 가서 방을 치우고 여인을 위해 안식일 음
식을 장만하면서 시중을 들고 있었다.

뒤를 밟았던 사람이 돌아오자 회중이 물었다.

"라삐께서 어디를 가십디까? 하늘로 올라가시던가요?"

"아니요." 하고 대답했다.

"더 높은 데로 가십디다."

●●●

진리는 무슨 문구에서 찾아지는 것이 아니고 ….

어떤 사람이 찻집에서 친구와 차를 마시고 있었다.
그는 자기 잔을 한참 바라보더니 체념하듯 한숨을 쉬면서
말했다.

"아, 여보게. 인생이란 차 한 잔과도 같네."

친구는 그 말을 깊이 생각하면서 자기 잔을 한참 바라보
더니 물었다.

"왜? 왜 인생이 차 한 잔과 같은가?"

"이유야 내가 어떻게 알겠나? 내가 지성인인가?"

●●●

… 이론에서도 아니고 ….

동기부여 세미나에서 방금 돌아온 지배인이 한 종업원을 불러 말했다.

"이제부터 자네 스스로 일을 계획하고 통제하게 해 주겠네. 그게 생산성을 상당히 높여 줄 걸세. 난 확신한다네."

종업원이 물었다.

"그러면 봉급을 더 많이 줍니까?"

"아니, 아니지. 돈은 동기부여 요소가 아니라네. 봉급 인상과 충족감은 비례하지 않는 법이거든."

"생산량이 증가되면, 봉급을 더 받게 될까요?"

"여보게, 자넨 동기부여 이론을 이해하지 못하는 게 분명하군. 이 책을 집에 가지고 가서 읽어 보게나. 거기 진정으로 동기를 부여하는 게 무엇인지 설명되어 있다네."

종업원은 나가다가 멈추어 서더니 물었다.

"제가 이 책을 읽으면, 봉급을 더 많이 받게 됩니까?"

● ● ●

… 표어에서도 아니고 ….

한 종교 단체는 회의를 할 때마다, 로비 벽에 표어를 크게
써 붙여 놓은 특정한 호텔에서 하는 관례가 있었다.

"문제란 없다 — 기회가 있을 뿐."

한 남자가 호텔 안내 데스크에 와서 말했다.

"미안하지만 문제가 있는데요."

직원이 미소를 지으며 말했다.

"이곳에서 문제란 없습니다. 기회가 있을 뿐입니다."

"문제라고 하든 기회라고 하든 마음대로 하시오" 하고 짜
증스럽게 말했다.

"내 방 안에 웬 여자가 있단 말이오."

● ● ●

… 딱지에서도 아니고 ….

영국인이 이민을 가서 미국 시민이 되었다. 그가 휴가차 영
국에 돌아갔을 때 한 친척이 국적을 바꾼 일을 책망했다.

"그래, 미국 시민이 되어서 이익을 본 게 뭔가?"

"글쎄요, 한 가지있네요. 미국 독립 전쟁에서 이겼지요."

… 통계에서 흔히 찾을 수 있는 것도 아니고 ….

나스루딘이 자기 식당에서 닭고기 커틀릿에다 말고기를 섞어 팔고 있다는 죄로 잡혀 법정에 끌려갔다.

　선고에 앞서 재판관은 어떤 비율로 닭고기에다 말고기를 섞었는지 물었다.

　나스루딘은 선서를 하고 나서 말했다.

　"50대 50으로 섞었습니다. 재판장님."

　재판이 끝나고 친구가 50대 50의 정확한 뜻을 물었다.

　나스루딘이 말했다.

　"말 한 마리에 닭 한 마리."

진리는 구체적이고 ….

스님이 후케스에게 말했다.

　"전에 '진리는 이야기하지 않고도 또 침묵하지 않고도 전달될 수 있다'고 하셨지요. 이 말씀을 듣고 혼동된 적이 있었는데요. 설명을 좀 해 주실 수 있습니까?"

　후케스는 대답했다.

"내가 청년 시절에 중국 남부에 있었을 때 일인데, 아! 봄에 꽃들 속에서 새들이 얼마나 즐겁게 노래를 부르던지!"

나는 생각한다. 따라서 나는 의식하지 못한다. 생각하는 그 순간 나는 추상이라는 또는 과거나 미래라는, 실재가 아닌 세계 속에서 살고 있다.

● ● ●

진리는 상대적일 수도 있다 ….

미국인 관광객이 처음으로 외국 여행을 하고 있었다.

외국 공항에 도착했을 때 그는 '내국인'과 '외국인'이라고 표시된 두 통로 사이에서 하나를 선택해야 했다.

그는 재빨리 첫 번째 통로로 걸어갔다.

나중에 다른 줄에 서야 한다는 말을 듣자 그는 항의했다.

"나는 외국인이 아닙니다. 미국인이요!"

● ● ●

… 그리고 인간 정신의 가장 만만찮은 성취를 요구한다 — 즉, 열린 마음과 ….

뉴멕시코가 미국의 일부가 되었을 때 그 새 주州에서 재판이 처음 열렸을 때 이야기다. 판사는 마음이 굳어진 노장 카우보이이자 인디언 투사였다. 그가 판사석에 앉고 재판이 시작되었다. 어떤 이가 말 도둑으로 고발당했다. 검사의 논고가 있었고, 원고와 증인들의 정식 증언이 있었다.

그러자 피고의 변호사가 일어나 말했다.

"재판장님, 이번에는 제가 이 사건에 대해 제 의뢰인의 입장을 이야기하고 싶습니다."

판사가 말했다.

"앉으십시오. 그런 것은 필요 없습니다. 배심원들을 혼동시키기만 할 테니까요."

시계가 하나 있으면 시각을 안다. 시계가 둘 있으면 시각이 확실하지 않다.

개구리의 기도 2

영성이라는 모험에서 성공하기 위해서는, 인생에서 최상의 것을 얻겠다는 마음을 확고하게 지녀야 한다.

사람들은 보통 부, 명예, 안락, 인간 관계 등 사사로운 것에 만족한다.

명예에 너무 집착한 나머지 자기 이름이 신문 머리기사에 나기만 한다면 교수대에라도 매달릴 각오가 되어 있는 사람이 있었다.

그 사람과 사업가들이나 정치가들 사이에 다른 점이 있다고 볼 수 있는가?

여론을 중시하는 우리는 말할 것도 없고 ….

●●●

사제가 험악한 표정으로 그를 바라보며 말했다.

"당신은 천국에 가고 싶지 않소?"

"가고 싶지 않습니다."

"그래, 거기 서서 죽어도 천국에 가고 싶지 않단 말이오?"

"물론 죽어서야 가고 싶지요. 저는 신부님이 지금 가고 싶으냐고 물으시는 줄 알았습니다."

우리 안의 제동장치가 작동하지 않을 때만 우리는 끝까지 간다.

●●●

참새가 숲에 둥지를 트는 데는 나뭇가지 하나면 족하다. 사슴이 강물에서 목을 축일 때는 자기 양만큼만 먹는다.

우리는 마음이 공허하기 때문에 물건을 모은다.

●●●

구루가 강변에 앉아 명상에 잠겨 있었다. 한 제자가 와서 존경과 헌신의 표시로 커다란 진주 두 개를 발치에 놓았다.

눈을 뜬 구루는 진주 하나를 집어 들었다. 하도 무심히 집어서 진주는 손에서 미끄러져 둑을 굴러 강에 빠져 버렸다.

기겁을 한 제자는 진주를 따라 강물로 뛰어들었다. 해가 질 때까지 여기저기 뛰어들며 찾았지만 허사였다.

마침내 온몸이 홀딱 젖어 기진맥진한 제자가 스승의 명상을 깨웠다.

"스승님은 진주가 어디 떨어졌는지 아시지요. 그 지점을 가르쳐 주시면 제가 찾아다 드리겠습니다."

구루는 나머지 진주를 강물에 내던지며 말했다.

"바로 저기라네!"

사물을 소유하려 들지 마라. 진정으로 소유할 수 없기 때문이다. 그저 사물에 소유당하지 않도록 하라. 그러면 만물의 지배자가 될 것이다.

● ● ●

정신병원을 방문한 사람이, 환자 하나가 안락의자에 앉아 행복한 표정으로 달콤하게 속삭이고 있는 것을 보았다.

"룰루, 룰루 …."

"이 사람의 문제는 무엇입니까?"

"룰루, 이 사람을 버리고 떠난 여자지요."

계속 병동을 둘러보고 있는데, 환자 하나가 벽에 머리를 박으며 탄식하고 있었다.

"룰루, 룰루 …."

"이 사람의 문제도 룰루입니까?"

"그렇습니다. 마침내 룰루와 결혼한 사람이지요."

인생에는 두 가지 고통이 있다. 하나는 자기가 집착하던 것을 얻지 못하는 것이고, 다른 하나는 자기가 집착하던 것을 얻는 것이다.

● ● ●

옛날에 아주 엄격한 고행을 하는 수행자가 있었다. 그는 태양이 하늘에 있는 동안에는 아무것도 먹지도 마시지도 않았다. 그의 고행을 인정이라도 하듯, 근처 산꼭대기에는 환한 대낮에도 모든 사람이 볼 수 있을 정도로 별이 밝게 빛났다. 그 별이 어째서 거기 있는지는 아무도 몰랐다.

어느 날 수행자가 산에 오르려고 하는데 마을의 어린 소녀가 함께 가고 싶다고 졸랐다. 날씨가 더워서 두 사람은 금방 목이 말랐다. 수행자가 소녀더러 물을 마시라고 했지만, 소녀는 함께 마시지 않으면 마시지 않겠다고 우겼다. 수행자는 난처했다. 단식을 깨기 싫었지만 어린애가 목이 타 힘들어하는 것도 볼 수 없었다. 마침내 그는 물을 마셨다. 아이도 따라 마셨다.

오랫동안 수행자는 하늘을 바라볼 수 없었다. 별이 사라진 하늘을 보기가 두려웠다. 그런데 한참 후 어느 날 하늘을 바라보니 산 위에는 별 두 개가 환히 빛나고 있었다.

· · · ·

한 여인이 라삐 이스라엘을 찾아와 고민을 털어놓았다. 결혼한 지 이십 년이 지났지만 아들을 낳지 못했다는 것이다.

"정말 우연의 일치로군요" 하고 라삐가 말했다.

"우리 어머니도 그랬습니다."

그러고는 이야기를 들려주었다.

우리 어머니도 이십 년간 자식이 없었습니다. 그러던 어느 날 성자 발 셈 토브가 마을에 왔다는 소식에, 그가 머무는 집으로 달려가 아들을 갖게 기도해 달라고 청했습니다.

"그 대신 무엇을 하겠습니까?" 하고 성자가 물었습니다.

"제가 무엇을 할 수 있겠습니까? 우리 남편은 가난한 사서입니다. 하지만 라삐께 드릴 것은 있습니다." 말을 마친 어머니는 집으로 달려가 궤를 조심스럽게 열고는 소중히 간직하고 있던 카팅카를 꺼냈습니다. 카팅카는 신부가 결혼식에 입는 망토로 대대손손 내려오는 소중한 가보입니다. 어머니가 다시 성자를 찾아갔지만 그는 이미 다른 마을로 떠난 후였습니다. 어머니는 그를 찾아 다른 마을로 갔습니다. 돈이 없어서 그 먼 길을 걸어갔습니다. 어머니가 마을에 도착했지만 라삐는 이미 다른 목적지를 향해 떠나고 없었습니다. 어머니는 라삐를 찾아 여섯 달이나 이 마을 저 마을을 돌아다녔습니다.

마침내 라삐를 만난 어머니는 카팅카를 건네주었고, 라삐는 그것을 그 마을 회당에 바쳤습니다.

라삐 이스라엘은 말을 맺었다.

"어머니께서는 걸어서 집으로 돌아오셨습니다. 그로부터 일 년 후에 제가 태어났습니다."

"정말 우연의 일치로군요." 여인이 외쳤다.

"저도 당장 집에서 카팅카를 가져올 테니 회당에 봉헌해 주십시오. 그러면 저에게도 아들을 점지해 주시겠지요."

"아, 아닙니다, 부인." 라삐가 애석하다는 표정을 지으며 말했다. "소용없습니다. 당신은 우리 어머니와 다릅니다. 우리 어머니는 전례를 가지고 있지 않았지만, 당신은 우리 어머니의 이야기를 다 들었으니까요."

성인은 사다리를 이용한 다음 버린다. 다시는 사용하지 못하도록.

● ● ●

신문에 얼굴을 파묻고 있는 남편에게 아내가 말했다.

"인생에는 바깥세상에서 일어나고 있는 일보다 중요한 일이 있다는 것을 생각해 보았어요?"

사람은 인류를 사랑한다면서 정작 바로 옆 사람은 견디지 못한다.

• • • •

인간은 현실이 아니라 자기 생각에 반응한다.

여행자들이 시골 마을에서 길을 잃어 오도 가도 못하는 신세가 되었다. 묵은 식량을 배급받아 하루하루 연명하게 되었는데, 개에게 먹여 보고 탈이 없으면 음식을 먹곤 했다.

그러던 어느 날 개가 죽었다는 소식을 듣고 모두가 공포에 질렸다. 토하고 설사하고 열이 난다고 호소하는 사람이 많았다. 식중독에 걸린 사람들을 치료하러 의사가 왔다.

의사가 개의 몸에 어떤 일이 일어났는지 묻는 것으로 진찰을 시작하자 누군가가 무심코 말했다.

"아, 그 개 말인가요? 차에 치여 죽었지요. 그래서 도랑에 버렸습니다."

• • • •

그들을 가두고 있는 벽은 현실이 아니라 마음에 있다.

곰은 폭이 6미터 되는 우리를 왔다 갔다 했다.

오 년 후 우리가 없어졌는데도, 곰은 여전히 거기에 우리가 있기라도 한 듯이 6미터 안에서만 왔다 갔다 했다. 곰에게는 우리가 있었던 것이다!

• • •

그들은 현실을 보지 않는다. 고정관념에 반응한다 ….

국제회의 만찬에서 미국 대사가 옆에 앉은 중국 대사에게
겸손을 가장한 부드러운 태도로 수프를 가리키며 물었다.

"수피 맛있심까?" 중국 대사는 열심히 고개를 끄덕였다.

조금 후에는 "생신 맛있심까? 괴기 맛있심까? 괴일 맛있
심까?" 하자 중국 대사는 연신 고개를 끄덕였다.

만찬 끝에 의장이 초청 연사를 소개하는데 바로 그 중국
대사였다. 그가 완벽한 영어로 통찰력 있고 위트 있는 강연
을 하는 것을 보고, 미국 대사는 깜짝 놀랐다.

연설이 끝나자, 연사는 미국 대사를 돌아보며 장난기 어
린 눈빛으로 말했다.

"욘솔 괜찮심까?"

• • •

어떤 사람이 본당 신부에게 말했다.

"어제 제 개가 죽었습니다. 영혼의 안식을 위해 미사를 드
려 주시겠습니까?"

사제는 벌컥 화를 내며 신경질적인 목소리로 말했다.

"나는 동물을 위한 미사는 드리지 않소. 길 저편에 새로

158 앤소니 드 멜로

생긴 교회에나 가서 물어보시오. 거기서는 개를 위해 기도해 줄지도 모르니까."

"저는 그 녀석을 무척 좋아했습니다. 그래서 거기에 어울리는 송별식을 하고 싶은 겁니다. 이런 경우에 어떻게 하는 것이 관례인지 모르겠군요. 50만 달러면 될까요?"

"그렇다면 좀 기다려 보시오. 왜 당신 개가 가톨릭 신자란 걸 말하지 않았소?"

• • •

다른 사람에게 주는 것은 결국 자기 자신에게 주는 것이다.

어느 날 몸의 각 지체가 위에게 매우 짜증이 났다. 자기들은 음식을 마련해 운반하느라 애쓰는데, 위는 빈둥빈둥 놀다가 게걸스럽게 먹어 대기만 한다는 것이었다.

마침내 그들은 음식을 날라 주지 않기로 했다. 손은 꼼짝도 하지 않았고, 이는 씹지 않았으며, 목은 삼키지 않았다. 이렇게 해서 위도 움직이지 않고는 못 배기게 해 볼 참이었던 것이다.

그런데 시간이 지날수록 몸이 쇠진해져 죽을 지경에 이르렀다. 그제서야 그들은 진정 행복해지기 위해서는 서로 도와야 한다는 것을 깨닫게 되었다.

나는 당신을 도와주고 나서 대단한 불평을 들었다. 하지만 나는 아직도 당신이 감사하는 마음을 가져야 한다고 고집한다.

보석으로 주렁주렁 장식한 귀부인이 런던의 고급 호텔에서 열린 불우 어린이 돕기 자선 무도회에서 먹고 마시고 춤추며 저녁 시간을 보낸 뒤 집으로 가는 길이었다.

부인이 롤스로이스를 타려 하는데 거지 소년이 다가와 애절한 목소리로 말했다.

"적선 좀 해 주십시오, 마님. 6펜스만요. 이틀 동안 아무것도 먹지 못했습니다."

부인은 어린이를 보고 뒷걸음치며 소리 질렀다.

"이런 은혜도 모르는 것 같으니! 내가 너 때문에 저녁 내내 발바닥이 아프도록 춤추었다는 것도 모르니?"

• • •

옛날에 '은별'이라는 여관이 있었다. 주인은 시설을 편리하게 갖추고, 친절하게 서비스하고, 가격을 조절하는 등 애를 썼지만 수지를 맞추기가 힘들었다. 마침내 자포자기한 그는 현자를 찾아갔다.

현자가 말했다. "아주 간단하다네. 여관 이름을 바꾸게."

"그럴 수는 없습니다! 은별이라는 이름은 조상 대대로 내려온 데다 전국적으로 알려진 이름이기도 합니다."

"그렇지 않다네. 여관 이름을 '다섯 종'으로 바꾸고 종 여섯 개를 입구에 매달게나."

"여섯 개요? 말도 안 됩니다. 그게 소용이 있습니까?"

"한번 해 보게나." 현자는 미소를 지으며 말했다.

여관 주인은 현자가 시키는 대로 해 보았다. 그랬더니 예기치 않은 일이 일어났다. 그곳을 지나던 여행자들이 모두 자기만 그것을 발견했다고 믿고는, 종이 다섯 개가 아니라 여섯 개라는 것을 지적해 주기 위해 들어왔다. 일단 들어와서는 서비스가 융숭한 데 마음이 움직여 그 여관에 머물곤 했다. 그리하여 여관 주인은 엄청난 돈을 벌게 되었다.

다른 사람의 실수를 바로잡아 주는 것보다 즐거운 일도 없다.

· · ·

제자는 매달 스승에게 자신의 영적 진보에 대해 보고했다.

첫 달에는 이렇게 적었다. "내 마음이 넓어지는 것을 느끼고 우주와 내가 하나 됨을 체험합니다." 스승은 힐끔 보고는 내던져 버렸다.

다음 달에는 이렇게 적었다. "모든 것 안에는 신성이 있음을 깨달았습니다." 스승은 실망한 것 같았다.

세 번째에서는 열심히 설명했다. "나의 경이로운 시야에 많은 신비가 펼쳐졌습니다." 스승은 하품을 했다.

다음은 이러했다. "아무도 태어나지 않고, 아무도 살지 않고, 아무도 죽지 않습니다. 왜냐하면 자아가 없기 때문에."

스승은 두 손 두 발 다 들었다.

그리고 한 달이 지났다. 두 달, 다섯 달이 지나고, 일 년이 지났는데도 소식이 없었다. 스승은 영적 진보에 대해 보고할 때가 되었다고 일깨우는 편지를 썼고 다음과 같은 답장을 받았다.

"진보 따위는 상관하지 않습니다."

그 글을 읽은 스승의 얼굴에는 만족스런 미소가 번졌다.

"신이여, 감사합니다. 마침내 그는 해냈습니다!"

• • •

훌륭하지만 좀 어리석은 왕이 울퉁불퉁한 땅 때문에 발에 상처가 났다고 불평했다. 그러고는 온 나라에 쇠가죽을 깔도록 명령했다.

이 말을 들은 어릿광대는 기가 막혀 웃었다.

"폐하, 그건 아주 무모한 발상입니다. 그렇게 낭비할 필요가 뭐 있습니까? 발을 보호하기 위해서라면 쇠가죽 두 조각만 있으면 될 텐데 말입니다."

왕은 그가 말한 대로 했고, 이렇게 해서 신발이 생겨났다.

깨달음에 이른 사람은, 세상을 고통 없는 곳으로 만들기 위해서는 세상이 아니라 자기 마음을 변화시켜야 한다는 것을 안다.

● ● ●

제자들이 스승에게 죽음에 대해 말해 달라고 했다.

"죽음을 무엇에 비길 수 있습니까?"

"휘장이 찢어지며 열리면 '오, 줄곧 나와 함께 계시던 분이 당신이었군요!' 하고 놀라는 것에 비길 수 있다."

● ● ●

바그다드의 한 상인이 하인을 시장으로 심부름 보냈는데, 하인은 얼굴이 백짓장처럼 하얘져서 벌벌 떨며 돌아왔다.

"주인님, 시장에서 낯선 사람과 마주쳤는데, 그 얼굴을 보는 순간, 죽음이라는 것을 알았지요. 그는 저를 위협하는 표정을 짓고는 걸어가 버렸습니다. 무서워 죽겠습니다. 당장 고향 사마라에 가게 말 한 필만 주십시오. 될 수 있으면 죽음에서 멀리 달아나고 싶습니다."

상인은 걱정하며 자기 말 중에서 가장 빠른 말을 내주었다. 하인은 그 말을 타고는 쏜살같이 달아났다.

그날 늦게 상인은 몸소 시장으로 나가 보았는데, 사람들 사이에서 어슬렁거리며 돌아다니는 죽음이 눈에 띄었다.

상인은 다가가서 물었다.

"아침에 우리 가엾은 하인을 위협했다는데, 왜 그랬소?"

죽음이 말했다.

"위협하지 않았소. 놀랐을 뿐이지요. 여기 바그다드에서 그를 만날 줄을 몰랐거든요."

"여기 있으면 안 되오? 여기가 그 사람이 사는 곳인데."

"글쎄요, 오늘 밤 사마라에서 만나기로 한 걸로 아는데."

사람들은 죽음을 너무나 두려워한 나머지, 피하려고 온갖 애를 쓰다 참된 삶을 살지 못한다.

• • •

옛날 중국에서 거대한 용 한 마리가 이 마을 저 마을 다니며 가축과 아이들을 닥치는 대로 죽였다. 마을 사람들은 마법사를 찾아가 용을 처치해 달라고 청했다. 마법사는 말했다.

"나도 용을 무서워하기 때문에 없애 버릴 능력이 없습니다. 그렇지만 그럴 만한 사람은 찾아 주겠습니다."

말을 마친 마법사는 용으로 변신해 다리 한가운데 자리 잡았다. 그러자 사람들은 모두 그 용이 마법사라는 것을 모르고 지나가기를 두려워했다. 그러던 어느 날 여행자가 침착하게 용을 타 넘고 지나갔다.

마법사는 인간의 모습으로 돌아와 그를 불렀다.

"여보시오. 나 좀 봅시다. 당신 같은 사람을 찾으려고 여러 날 여기서 기다렸소!"

깨달은 사람은 두려움이 사물 자체에 있는 것이 아니라 그것을 바라보는 방법에 있다는 것을 안다.

● ● ●

양치기가 양을 치고 있는데, 지나가던 사람이 말했다.

"훌륭한 양 떼군요. 몇 가지 물어봐도 되겠소?"

"그럼요."

"양들은 하루에 얼마나 걷소?"

"어떤 것 말입니까? 흰 양요, 검은 양요?"

"흰 양."

"글쎄요, 흰 양은 하루에 십 리 정도 걷지요."

"그럼 검은 양은?"

"검은 양도 마찬가지입니다."

"풀은 하루에 얼마나 먹소?"

"어떤 양? 검은 양요?"

"흰 양."

"글쎄요, 흰 양은 매일 2킬로그램 정도 먹습니다."

"그럼 검은 양은?"

"검은 양도 마찬가지입니다."

"양털을 일 년에 얼마나 깎는지 말해 주겠소?"

"어떤 거요? 흰 양요, 검은 양요?"

"흰 양."

"글쎄요, 흰 양은 매년 약 3킬로그램의 양털을 만들지요."

"그럼 검은 양은?"

"검은 양도 마찬가지입니다."

나그네는 이상하다는 생각이 들었다.

"당신은 내 물음에 대답할 때마다 하얀 양과 검은 양으로 나누는데, 왜 그러는 겁니까?"

"글쎄요" 하고 양치기가 말했다. "그야 당연한 일입니다. 흰 양은 제 것입니다. 아시겠습니까?"

"아! 그러면 검은 양은?"

"검은 양도 마찬가지입니다."

사랑이 하나로 보는 것을 인간은 어리석게도 구분한다.

● ● ●

플루타르크 영웅전에 다음과 같은 이야기가 나온다. 알렉산더 대왕이 뼈 무더기를 유심히 바라보고 있는 디오게네스와 우연히 마주쳤다.

"무엇을 찾고 계시오?"

"찾아낼 수 없는 그 무엇입니다."

"그게 무엇이오?"

"선왕의 뼈와 노예들 뼈와의 차이점입니다."

다음은 도저히 구별할 수 없는 것들이다: 가톨릭교도의 뼈와 개신교도의 뼈, 회교도의 뼈와 힌두교도의 뼈, 아랍인의 뼈와 유다인의 뼈, 러시아인의 뼈와 미국인의 뼈. 깨달은 사람에게는 뼈에 살이 붙어 있을 때도 그 차이가 보이지 않는다.

● ● ●

인간의 상황은 밤늦게 공원 밖에 서서 담장을 치면서 "나가게 해 줘요!" 하고 소리치는 불쌍한 주정뱅이와도 같다.

당신이 언제나 자유로웠으며 현재도 자유롭다는 것을 알지 못하게 가로막는 것은 단 하나, 당신의 환상이다.

● ● ●

마미야는 유명한 선사인데, 선을 배울 때 무척 고생했다.

스승은 한 손으로 손뼉을 쳤을 때 나는 소리에 대해 설명해 보라고 했다. 마미야는 침식을 잊고 정답을 찾느라 애썼지만 스승은 도무지 만족하지 않았다. 심지어 이렇게까지 말했다.

"너는 열심히 노력하지 않는다. 편안한 것만 좋아하고, 일상 사물에 집착하며, 빨리 답을 얻으려고만 한다. 너 같은 사람은 차라리 죽는 게 낫겠다."

다음번에 스승 앞에 선 마미야는 아주 극단적인 행동을 했다. 한 손으로 치는 손뼉 소리를 설명해 보라는 질문을 받자, 벌렁 나자빠져 죽은 듯이 움직이지 않았다.

"좋다. 너는 죽었다. 그런데 한 손으로 치는 손뼉 소리는 어떻게 되었느냐?"

"그 문제는 아직도 풀지 못했습니다."

"바보 같으니라고! 죽은 사람이 말을 하다니, 썩 나가라!"

깨달음에 이를 수는 없을지라도 적어도 일관성은 있어야 한다!

• • •

아난다는 석가모니의 가장 충실한 제자였다. 석가모니가 죽은 지 몇 년 후, 깨달음에 이른 사람들의 큰 모임이 계획되었다. 그런데 여러 해 동안 열심히 노력했는데도 깨달음에 이르지 못한 아난다는 모임에 참석하지 않았다.

모임이 있던 날 저녁에도, 아난다는 깨달음에 이를 때까지 잠도 자지 않겠다고 결심하고 도에 정진했다. 그렇지만 몸만 지칠 뿐이었다. 그렇게 노력했음에도 불구하고 한 치도 앞으로 나아갈 수가 없었다.

새벽녘이 되자 아난다는 모든 것을 포기하고 좀 쉬기로 했다. 모든 욕망, 깨달음에 이르고자 하는 바람까지도 버린 상태에서 그는 누웠다. 그때 문득 깨달음이 찾아왔다!

깨달음을 추구하는 사람에게 강물이 말했다.

"사람은 깨달음에 이르기 위해서 정말 그렇게 안달해야 합니까? 나는 어느 길로 가든 고향으로 향하게 되어 있는데요."

깨어나십시오

깨달음의 영성

깨어남

영성이란 깨어남을 뜻합니다. 대부분의 사람들은 — 그런 줄도 모르긴 하지만 — 잠들어 있습니다. 잠든 채 태어나고 잠든 채 살며, 잠 속에서 혼인하고 잠 속에서 자녀를 낳으며, 깨어나 본 적이라곤 없이 잠 속에서 죽습니다. 우리가 인간이라고 부르는 것의 사랑스러움과 아름다움을 이해하는 일이 없습니다. 모든 신비가는 — 가톨릭이든 그리스도인이든 비그리스도인이든, 그들의 신학이 무엇이고 종교가 무엇이든 — 한 가지 사실에 이구동성으로 동의합니다. 즉, 모든 것이 좋다, 모든 것이 좋다라는 것입니다. 모든 것은 엉망진창이지만 만사가 좋은 것입니다. 확실히 이상한 역설이죠.

그러나 슬프게도 사람들은 잠들어 있기 때문에 모든 것이 좋다는 것을 알지 못합니다. 악몽을 꾸고 있는 겁니다.

아시다시피 잠에서 깨어난다는 건 즐겁지 않은 일입니다. 침대에 누워 있을 때가 기분 좋고 안락합니다. 깨어나야 한다는 건 짜증스러운 노릇입니다. 이 때문에 지혜로운 구루는 사람들을 깨우려 하지 않습니다. 나도 이 점에서 현명한 태도를 취해, 여러분이 잠들어 있더라도 결코 억지로 깨우려고 하지는 않으렵니다. 내가 때때로 "깨어나십시오!"라고 말한다 할지라도 실제로 그게 내가 할 일은 전혀 아닙니다. 내 본분은 내 일을 하는 것이고 내 춤을 추는 것입니다. 여러분이 거기서 이득을 본다면 좋은 일입니다. 그렇지 못하다면 매우 애석한 일이고요. 아랍인들 말마따나 "비는 모두 똑같지만 풀밭의 가시나무가 자라게도 하고 정원의 꽃이 자라게도 한다" 그겁니다.

자기 관찰

누군가가 여러분에게 도움이 될 수 있는 유일한 길은 여러분의 관념들에 도전하는 데 있습니다. 들을 준비가 되어 있다면, 도전을 받을 준비가 되어 있다면, 아무도 여러분을 도울 수 없고 여러분만이 할 수 있는 것이 한 가지 있습니다. 가장 중요한 그것은 무엇이겠습니까? 바로 자기 관찰입니다. 거기서는 아무도 여러분을 도울 수 없습니다. 어떤 방법을 제공할 수도 없습니다. 어떤 기법을 제시할 수도 없습니다. 어떤 기법을 선택하는 순간 여러분은 또다시 조종되고 설계되는 겁니다. 자기 관찰(자신을 살피는 것)은 중요합니다. 그것은 자기 집중과는 다릅니다. 자기 집중이란 자기 몰두로 자신에 대해 염려하고 걱정하는 것입니다. 내가 말하려고 하는 것은 자기 관찰입니다. 그것이 무엇일까요? 자기 내면이나 주위에 있는 모든 것을 살펴보지만 마치 다른 사람에게 일어나는 것처럼 살펴보는 것을 말합니다. 다른 사람에게 일어나는 것처럼 살펴본다는 말은 무슨 뜻일까요? 자신에게 일어나는 일을 의인화하지 않는다는 뜻입니다. 즉, 마치 자신과는 아무 관련이 없는 일처럼 그 일을 바라본다는 뜻입니다.

우울과 불안으로 고통받는 이유는 우울과 불안을 자신과 동일시하기 때문입니다. 보통 "나는 우울하다"고 말합니다. 그러나 그건 틀린 말입니다. 내가 우울한 것이 아닙니다. 정확히 표현하면 "나는 지금 우울을 체험하고 있다"고 말해야 합니다. "나는 우울하다"라고는 좀처럼 말할 수 없습니다. 내가 나의 우울은 아닌 것입니다. 내가 나의 우울이라는 것은 단지 마음의 야릇한 속임수, 일종의 야릇한 환상입니다. 내가 나의 우울이라고, 내가 나의 불안이라고, 내가 나의 기쁨이나 전율이라고 생각하도록 — 그러나 그 생각을 두려워하지는 않도록 — 자신이 현혹된 것입니다. "나는 기쁘다!" 할 때 분명히 내가 기쁨인 것은 아닙니다. 기쁨이 지금 내 안에 있겠지만 이럭저럭 그 기쁨은 변할 것입니다. 기쁨은 영속하지 않습니다. 결코 지속되지 않습니다. 계속 변합니다. 항상 달라집니다. 구름이 끼었다 개었다 하는 것처럼. 검은 구름도 흰 구름도, 큰 구름도 작은 구름도 있습니다. 이 유비를 따르자면 나는 하늘인 셈입니다. 구름을 관찰하고 있는 하늘입니다. 수동적이고 초연한 관찰자인 것입니다. 내가 간섭하고 있지 않는 겁니다. 특히 서구 문화에 젖은 사람에게 이런 생각은 충격적인 일입니다. 간섭하지 마십시오. 그 무엇이라도 '고착'시키지 마십시오. 살피십시오! 관찰하십시오!

불행한 사람들은 자기가 이해도 못하는 것들을 고착시키느라 바쁩니다. 우리는 언제나 상태를 고착시키고 있지 않습니까? 상태는 고착될 필요가 없다는 것을 우리는 깨닫지 못하고 있습니다. 정말 그렇습니다. 이것은 중요한 규명입니다. 그 상태들을 이해할 필요가 있습니다. 이해하면 그것들은 변할 것입니다.

매사를 평가하지 않는 깨달음

세상을 바꿔 놓고 싶습니까? 자신부터 시작하는 것이 어떻습니까? 먼저 자신의 모습부터 달라지는 것이 어떻습니까? 그런데 어떻게? 관찰을 통해. 이해를 통해. 내 쪽의 간섭이나 판단이 전혀 없이. 판단은 이해일 수 없으니까.

깨달음처럼 즐거운 것은 없습니다. 어둠 속에서 살렵니까? 행동하면서 자기 행동을 깨닫지 못하렵니까? 말하면서 자기 말을 깨닫지 못하렵니까? 말을 들으면서 무엇을 듣고 있는지, 사물을 보면서 무엇을 보고 있는지 깨닫지 못하렵니까? 소크라테스는 "깨닫지 못한 삶은 살 가치가 없다"고 했습니다. 자명한 진리입니다. 사람들은 깨달음의 삶을 살지 않습니다. 기계적인 삶을 살고 있습니다. (대개는 다른 누군가의 것인) 기계적인 생각, 기계적인 느낌, 기계적인 행동, 기계적인 반응을 가지고 살고 있습니다. 여러분이 실제로 얼마나 기계적인지 보시겠습니까? "야! 멋진 셔츠를 입으셨군요." 그런 말을 듣고는 좋아합니다. 세상에, 셔츠 하나 때문에! 그런 말을 듣고는 자부심을 느끼는 것입니다. 인도에 있는 내 일터에 사람들이 찾아와서 "참 멋진 곳이군요. 나무들도 멋지고 기후도 좋고" 할라치면 나는 벌써 기분이 좋아지는데, 그러다가 내 기분을 알아차리고는 속으로 "허, 이런 어리석은 녀석!" 하게 됩니다. 나는 그 나무들과 아무 상관이 없습니다. 내가 그 지역을 선택한 데 책임이 있는 것도 아니고, 내가 그런 날씨를 주문한 것도 아닙니다. 그저 그렇게 생겨난 것입니다. 그런데 '나'를 거기에 개입시켰기에 기분이 좋아진 것입니다. '나의' 문화, '나의' 나라에 대해 기분 좋아하는 것이지요. 얼마나 어리석은 일이냐 말입니다. 위대한 인도 문화가 모든 신비가를 낳았다는 말을 듣지만 내가 그들을 낳은 건 아닙니다. 나는 그들에 대해 책임이 없습니다. 또는 사람들이 "당신 나라의 가난은 넌더리가 난다"고 하면 나는 부끄러움을 느끼는데, 하지만 내가 그렇게 만들지는 않았어요. 이게 어찌 된 일입니까? 가만히 생각해 본 적이 있습니까? 내가 그렇게 만들지는 않았습니다. "난 당신이 매우 매력 있다고 생각한다"고 사람들이 말해 주면 기분이 좋아지고 자신감을 얻게 된다는 말입니다. 그래서 나도 오케이, 당신도 오케이라는 것입니다. 나는 언젠가 "나도 바보 당신도 바보"라는 제목으로 책을 한 권 쓰려고 합니다. 여러분이 바보라고 공공연히 동의한다면 그거야말로 세상에서 가장 자유롭고 멋들어진 일입니다. 사람들이 나에게 "넌 틀렸어" 한다면 나는 말하겠죠. "바보한테서 무엇을 기대해?"

무장해제, 모두가 무장해제되어야 합니다. 최종 해방의 상태에서는 나도 바보, 당신도 바보인 것입니다. 보통은 내가 한쪽 단추를 누르면 너는 의기양양해지고, 다른 단추를 누르면 너는 의기소침해지고 그런 식입니다. 그리고 그걸 좋아하는 겁니다. 여러분은 칭찬이나 비난에 초연한 사람들을 얼마나 알고 있습니까? 그건 인간답지 않다고들 말합니다. 인간답다는 건 좀 원숭이가 되어야 한다는 뜻이고, 그래서 사람들은 꼬리를 비틀 수 있고, 무엇이든지 해야 하는 것을 하고 있다는 말입니다. 하지만 그게 인간다운 것입니까? 네가 나를 매력적으로 본다면 그것은 바로 지금 네가 기분이 좋다는 뜻이고 그 이상의 뜻은 없는 것입니다.

깨달음과 현실 접촉

안팎의 모든 것을 살펴보십시오. 거기서 무엇인가 일어나고 있거든, 아무런 평도 판단도 말고, 어떤 태도도 취하지 말고, 어떤 간섭도 하지 말고 그것을 바꾸려는 시도도 하지 말고, 그저 그것을 이해하려 하면서, 마치 그것이 다른 사람에게 일어나고 있는 것처럼 바라보십시오. 그렇게 할 때 점차 '나'가 '내 것'과 구별되고 있음을 깨닫기 시작할 것입니다.

아빌라의 성녀 데레사는 일생이 끝날 때쯤 하느님께서 비상한 은총을 주셨다고 말합니다. 물론 현대적인 표현을 쓰지는 않았지만, 요컨대 그건 사실상 그녀와 자신과의 구별이었습니다. 내가 모르는 누군가가 암에 걸렸는데 내가 그일에 전적으로 마음을 쓰지는 않습니다. 내가 사랑이 있고 민감하다면 도움을 줄 수는 있겠지만, 정서적으로 영향을 받지는 않는 겁니다. 네가 시험을 치르게 되는데 내가 크게 마음 졸이지는 않습니다. 제법 철학적이 되어 이렇게 말할 수는 있을 것입니다. "글쎄, 염려할수록 결과는 더 나빠진다네. 공부하는 대신 충분히 휴식을 취하게나." 그러나 막상 내가 시험 치를 차례가 되면 상황이 달라지겠지요? 그 까닭은 '나'를 '내 것'과 동일시했기 때문입니다. 내 가족, 내 나라, 내 재산, 내 몸과 '나'를 동일시한 겁니다. 만일 이런 것들을 나의 것이라고 부르지 않도록 하느님께서 은총을 주신다면? 나는 초연해질 것입니다. 내가 구별될 것입니다. 이것이 '몰아'입니다. 이것이 자기를 부정한다, 자기를 버린다는 의미입니다.

지혜에 이르는 네 단계

첫째로 필요한 것은 자각 못한 부정적인 감정들과 접촉하는 일입니다. 많은 사람이 자기도 모르게 부정적인 감정들을 가지고 있습니다. 많은 사람이 우울해 있으면서 우울하다는 걸 의식하지 못합니다. 얼마나 우울했는가를 비로소 이해하는 때는 기쁨을 접할 때뿐입니다. 검진되지 않은 암을 치료할 수는 없습니다. 존재를 알아채지 못한 농장의 바구미들을 퇴치할 수는 없습니다. 가장 먼저 필요한 일은 부정적인 감정들에 대한 자각입니다. 어떤 부정적인 감정일까요? 예컨대, 음울입니다. 여러분은 음울하고 침울하게 느끼고 있습니다. 자기혐오나 죄의식을 느낍니다. 삶이 속절없다고, 무의미하다고 느낍니다. 상심하고, 신경질을 부리거나 긴장을 합니다. 그런 감정들을 먼저 만나십시오.

둘째 단계는 그런 감정이 여러분 안에 있는 것이지 현실 안에 있는 것이 아님을 이해하는 것입니다. 이것은 매우 자명한 이야기입니다만 사람들이 그것을 알고 있다고 생각하십니까? 그렇지가 않습니다. 정말입니다. 철학 박사 학위를 받은 대학 총장들도 그것을 이해하지 못했습니다. 그들은 나에게 학교생활하는 법을 가르쳐 주지는 않았습니다. 그

밖의 온갖 것을 가르쳐 주었습니다. "나는 제법 좋은 교육을 받았지만 그 교육을 극복하는 데 여러 해가 걸렸다"고 어떤 사람이 말한 것과 같은 이야기입니다. 아시다시피 영성은 바로 그런 것과 관련이 있습니다. 버리십시오. 사람들이 가르쳐 준 온갖 쓸데없는 것들을 버리십시오.

셋째 단계는 감정과 나를 동일화하지 않는 것입니다. 그것은 '나'와 무관합니다. 본질적 자아를 그런 감정에 따라 정의 내리지 마십시오. "내가 우울하다"고 말하지 마십시오. "그것이 우울이다"라고 말한다면 그건 좋습니다. "우울이 저기 있다. 침울함이 저기 있다"고 말한다면 그건 좋습니다. 그러나 내가 침울하다고 하는 것은 안 됩니다. 그것은 그 감정에 맞춰서 자신을 정의 내리는 것입니다. 그건 환상입니다. 착오인 겁니다. 바로 지금 거기 우울이 있습니다. 바로 지금 거기에 상처받은 감정이 있습니다. 하지만 그대로 내버려 두십시오. 홀로 놓아두십시오. 지나가고 말 것입니다. 모든 것은 지나갑니다. 모든 것이. 우울한 기분들과 짜릿한 감동들은 행복과 무관합니다. 그런 것들은 진자의 왕복 운동에 불과합니다. 신나고 짜릿함을 추구한다면 우울을 준비하는 것입니다. 약물을 원합니까? 중독을 각오해야 합니다. 진자 운동의 한쪽 끝은 다른 끝으로 이어지니까요.

넷째 단계는 다음과 같습니다. 사물을 어떻게 변화시킬까요? 자신을 어떻게 변화시킬까요? 이 단계에서는 이해해야 할 것이 많습니다. 아니 오히려 딱 한 가지가 있는데, 그것이 여러 가지로 설명될 수 있습니다. 의사를 찾아가서 자기가 왜 아픈지를 묻는 환자를 상상해 보십시오. 의사가 말합니다. "좋습니다. 댁의 증상을 알겠습니다. 내가 어떻게 할지 아십니까? 댁의 이웃에게 약을 처방해 드리겠습니다." 환자가 대답합니다. "대단히 감사합니다, 의사 선생님. 그 말씀을 들으니 한결 기분이 낫군요." 황당하지 않습니까? 그러나 그게 우리 모두가 하는 짓들입니다. 잠들어 있는 사람은 항상 누군가 다른 사람이 변하면 자기 기분이 나아지리라고 생각합니다. 자기가 잠들어 있어서 고통받고 있건만, "다른 사람이 변한다면 삶이 얼마나 멋질까. 내 이웃이, 내 아내가, 우리 회사 사장이 변한다면 얼마나 살맛이 날까" 하고 생각하는 것입니다.

우리는 항상 누군가 다른 사람이 달라져서 우리 기분이 좋아지기를 원합니다. 그러나 아내나 남편이 변한들 그게 자신에게 무슨 소용이 있는지 생각해 본 적이 있습니까? 여러분 자신은 여전히 상처받기 쉬운 사람일 뿐입니다. 여전히 바보요, 여전히 잠들어 있을 뿐입니다. 달라질 필요가 있는 사람, 약이 필요한 사람은 나 자신입니다. "세상이 옳기 때문에 내가 기분이 좋다"고 고집들을 부리고 있습니다. 틀렸습니다! 내가 기분이 좋기 때문에 세상이 옳은 것입니다. 모든 신비가가 하고 있는 말이 그것입니다.

침묵

안다고 생각하는 진지한 신자의 광신이 사기꾼 이백 명의 힘을 합친 것보다 더 큰 악의 원인일 수 있습니다. 진지한 신자들이 안다고 생각해서 하는 짓을 보면 끔찍합니다. 모두 "우리는 모른다"고 말하는 세상을 이룬다면 멋지지 않겠어요? 거대한 장벽이 허물어졌으니 경이로운 일이 아니겠습니까?

날 때부터 장님인 사람이 내게 와서 묻습니다. "녹색이라는 게 뭔가요?" 날 때부터 장님인 사람에게 어떻게 녹색을 설명할까요? 우리는 유비를 이용합니다. 그래서 나는 말해 줍니다. "녹색은 부드러운 음악과 같죠." "오, 부드러운 음악 같은 거로군요." "예, 싱그럽고 부드러운 음악이죠." 두 번째 장님이 와서 묻습니다. "녹색이 뭔가요?" 나는 부드러운, 매우 부드럽고 촉감이 좋은 공단 같은 것이라고 말해 줍니다. 그런데 이튿날 보니 그 두 장님이 병으로 서로 머리를 때리고 있습니다. 한 장님은 "녹색은 음악처럼 부드러운 것이다" 하고, 다른 장님은 "녹색은 공단같이 부드러운 것이다" 하면서 계속 때리고 있는 것입니다. 둘 다 자기가 무슨 말을 하고 있는지 모르고 있습니다. 안다면 입을 다물었겠지요. 참으로 고약한 노릇입니다. 설상가상으로 이를테면 어느 날 그 장님이 정원에 앉아 주위를 두리번거리는 걸 보고 "아, 이제는 녹색이 무엇인지 아시는군요" 하자 "맞습니다. 오늘 아침엔 녹색 소리를 좀 들었죠!" 한다면 더욱 고약한 노릇입니다.

사실 하느님으로 둘러싸여 있으면서도 하느님에 대해서 "안다"고 하기 때문에 하느님을 보지 못합니다. 하느님을 못 보게 하는 마지막 장벽은 여러분이 가지고 있는 하느님 개념입니다. 하느님을 안다고 생각하기 때문에 하느님을 놓칩니다. 그것이 종교와 관련하여 무서운 일입니다. 복음서에서 "안다" 하는 종교인들이 예수를 제거한 이야기가 말해 주는 것입니다. 하느님에 대한 최고의 앎은 하느님을 알 수 없는 분으로 아는 것입니다. 하느님에 대한 말들이 너무 많습니다. 세상은 그걸 지겨워합니다. 깨달음은 너무 적습니다. 사랑은 너무 적습니다. 행복은 너무 적습니다. 우리는 그런 말들도 사용하지 맙시다. 환상, 오류, 집착, 난폭을 떨쳐 버리는 일이 너무 적고, 깨달음이 너무나도 적습니다. 그 때문에 세상이 고통을 겪고 있는 것입니다. 종교가 없어서가 아닙니다. 종교란, 어쩌면 깨달음이, 깨어남이 없는 걸 말하는 게 아닌가 싶을 지경입니다. 우리가 어느 지경에까지 떨어졌는지 보십시오. 도처에서 사람들이 종교 때문에 서로를 죽이고 있는 걸 보십시오. "아는 사람은 말하지 않는다. 말하는 사람은 모른다." 무릇 모든 계시란 아무리 신성하더라도 달을 가리키는 손가락 이상의 것이 결코 아닙니다. 동양 격언에 "현자가 달을 가리킬 때 바보가 보는 것은 현자의 손가락이다"라는 말이 있습니다.

그런 게 아니다

토마스 아퀴나스는 『신학대전』 전체를 이렇게 소개합니다. "우리는 하느님이 무엇인지 알 수 없고 하느님이 무엇이 아닌지 알 수 있으므로, 하느님이 어떤 분인지 고찰할 수 없고 하느님이 어떤 분이 아닌지 고찰할 수 있다." 보에티우스의 『삼위일체론』에 대한 토마스 아퀴나스의 주해를 보면, 하느님 인식의 최고 단계는 하느님을 "알려지지 않은 분"tamquam ignotum으로 아는 것이라고 했습니다. 또, 『하느님의 능력에 관한 토론 문제』*Quaestio Disputata de Potencia Dei*에서도 "우리는 하느님을 모른다는 것을 아는 것, 이것이 하느님에 대한 인간 인식에서 궁극적인 것이다"라고 말합니다. 토마스 아퀴나스로 말하자면 신학자들의 군주로 여겨지는 분입니다. 신비가였고 오늘날에는 성인으로 공식 선포되어 있는 분이죠. 우리는 아주 훌륭한 기반 위에 서 있는 것입니다.

인도에는 이에 해당하는 산스크리트어 격언이 있습니다. "네티, 네티." "그런 게 아니다, 그런 게 아니다"라는 뜻입니다. 토마스의 방법은 "부정의 길"via negativa 이라고 일컫습니다.

이 말은 바로 우리가 모른다는 것을 아는 것이 하느님에 대한 우리 인간 인식의 궁극이라는 것입니다. 우리의 커다란 비극은 우리가 너무 많이 안다는 것입니다. 우리는 안다고 생각하는데, 그게 우리의 비극입니다. 그래서 우리는 발견하지 못합니다. 신학자이자 위대한 철학자인 토마스 아퀴나스는 거듭 말합니다. "인간 정신의 온갖 노력으로도 파리 한 마리의 본질조차 다 알아내지는 못한다."

여과되는 현실

현실에 대한 우리의 지각에 관해 한 가지 더 말하고자 합니다. 유추의 형태로 표현하겠습니다. 미국 대통령은 국민들의 반응을 접수해야 합니다. 로마 교황은 온 교회의 반응을 접수해야 합니다. 글자 그대로 수백만 건이 접수될 수도 있는데, 그 모두를 직접 살피기란 거의 불가능하고 훨씬 적은 분량만 소화할 수 있을 것입니다. 그래서 사람들을 두어 그 사안들을 추출하고 요약하고 점검하고 여과하는 일을 맡겨 놓고, 결국은 그 일부가 결재 사안으로 올라가게 됩니다. 우리에게 일어나는 일도 이와 같습니다. 우리는 우리 몸의 모든 털구멍이나 살아 있는 세포로부터, 그리고 우리의 모든 감각기관으로부터, 현실에서 나오는 반응을 접수하고 있습니다. 그러나 우리는 그것들을 끊임없이 걸러 내고 있습니다. 무엇이 그 여과 작용을 하고 있습니까? 우리의 조건? 우리의 문화? 우리의 프로그램? 사물을 보고 경험하는 방법? 우리의 언어까지도 여과기가 될 수 있습니다. 하도 많은 여과기가 계속 작동 중이어서 종종 사물을 있는 그대로 보지 못하게 되죠. 편집증 환자만 보더라도 그는 늘 존재하지 않는 무엇에 의해 학대받는다고 느끼고 있고, 줄곧 과거의 체험이나 조건화된 환경에 따라서 현실을 해석하고 있습니다.

여과를 하고 있는 또 다른 악령도 있습니다. 집착, 욕망, 갈망이라는 것들입니다. 슬픔의 뿌리는 갈망입니다. 갈망은 지각을 왜곡하고 파괴합니다. 두려움과 욕망은 악령처럼 끊임없이 출몰하며 우리를 괴롭힙니다. "자기가 일주일 내에 단두대에 매달릴 것을 안다면 그것은 놀랍도록 정신을 집중시킨다"라고 사무엘 존슨은 말했습니다. 다른 모든 것을 지워 버리고 오로지 두려움, 욕망, 갈망에 집중하는 것입니다. 어릴 적에 우리는 여러 가지에 중독되었습니다. 우리는 사람들을 필요로 하도록 길러졌습니다. 무엇을 위해? 받아들여지기 위해. 칭찬, 인정, 박수받기 위해. 사람들이 성공이라고 부르는 것을 위해. 그런 것들은 현실에 부합하지 않는 말입니다. 그것들은 인습, 발명된 것일 뿐 진실이 아님을 깨닫지 못합니다. 무엇이 성공입니까? 무리가 좋은 것이라고 결정해 놓은 것이죠. 똑같은 것을 다른 집단은 나쁘다고 결정할 것입니다. 워싱턴에서는 좋은 것이 카르투지오 수도원에서는 나쁜 것으로 생각될 수도 있습니다. 정치권에서는 성공인 것이 다른 분야에서는 실패로 여겨질 수도 있습니다. 이런 것들은 인습입니다. 그런데도 우리는 그것들을 현실처럼 취급하지 않습니까? 어릴 적에 우리는 불행하도록 설계되었습니다. 사람들은 우리에게, 행복해지기 위해서는 돈, 성공, 잘생긴 배필, 좋은 직업, 우정, 영성, 하느님 — 여러분은 이것도 말합니다 — 이런 것들이 필요하다고 가르쳤습니다. 이런 것들을 얻지 않고서는 행복하지 않을 것이라고 사람들은 말합니다. 그런데, 이것이 바로 내가 집착이라고 부르는 것입니다. 집착이란 그 무엇이 없이는 행복하지 않으리라는 확신입니다. 일단 그렇게 확신하고는, 그것이 우리의 잠재의식에 침투해 우리 존재의 뿌리에 각인되고는 그걸로 끝인 것입니다.

통찰과 이해

자기 변화에 반드시 따라 나오는 것이 무엇입니까? 이미 여러 말로 거듭 되풀이했지만, 이제 작은 갈래로 쪼개 보겠습니다. 첫째, 통찰입니다. 노력하는 것, 갈고 닦는 것, 이상을 가지는 것이 아닙니다. 이상들은 많은 해를 끼칩니다. 존재가 아니라 당위에 늘 초점을 맞추고 있는 것입니다. 그래서 현실이 어떠해야 한다고 요구하지 현실이 어떠한지 이해한 적이 없는 것입니다.

　나 자신의 상담 경험에서 통찰의 한 예를 제시하겠습니다. 어떤 사제가 와서 자기는 게으르다고 말합니다. 그는 더 부지런하고 활동적이고 싶지만 게으르다는 겁니다. 나는 "게으르다"는 것이 무슨 뜻이냐고 묻습니다. 옛날 같으면 이렇게 말했을 것입니다. "매일 하고 싶은 일들의 목록을 만들어 놓고는 매일 밤 확인해 보시죠. 그러면 기분이 좋아질 겁니다. 그런 식으로 습관을 들이세요." 혹은 이렇게 물었을지도 모릅니다. "신부님이 이상으로 삼는 분, 신부님의 수호성인이 누구입니까?" 그가 성 프란치스코 하비에르라고 대답한다면 나는 말하겠지요. "하비에르 성인이 얼마나 많은 일을 했는지 보십시오. 그분에 대해 묵상하셔야 합니다. 그러면 힘이 나실 겁니다." 그것도 한 방법이긴 하지만 유감스럽게도 피상적입니다. 의지력을 사용해 노력하는 건 별로 오래가지 않습니다. 행동은 변해도 사람은 그대로거든요. 그래서 이제 나는 다른 방향으로 나아갑니다.

"게으름? 게으름이 뭔가요? 게으름도 무수한 형태가 있죠. 신부님의 게으름은 어떤 형태인지 들어 봅시다. 신부님이 말하는 게으름이란 무엇인지 설명해 보십시오."

"글쎄요, 난 무슨 일이든지 해낸 적이 없어요. 아무 일도 하고 싶지가 않아요."

"바로 아침에 일어나는 순간부터 그렇다는 말입니까?"

"그래요, 아침에 일어나 봐야 할 만한 일이다 싶은 게 없어요."

"우울하신가요, 그럼?"

"그렇게 말할 수 있겠죠. 일종의 위축감이랄까."

"늘 그랬습니까?"

"뭐, 늘 그랬던 건 아니고, 젊을 적에는 더 활동적이었죠. 신학생 때는 생동감이 넘쳤고요."

"그럼 이런 일이 시작된 건 언제죠?"

"아, 서너 해 전이죠."

그때 무슨 일이 있었느냐고 내가 묻습니다. 그는 한참 생각합니다.

"그렇게 오래 생각해야 할 정도라면 사 년 전에는 썩 특별한 일이 없었나 보군요. 그 전해에는 어땠나요?"

"아, 그해에 서품을 받았죠."

"서품받던 해에 무슨 일이 있었나요?"

"한 가지 작은 일이 있었어요. 마지막 신학 시험인데, 낙방했죠. 좀 실망했지만 극복했어요. 주교님은 날 로마로 보내 나중에 신학교에서 가르치게 할 계획이셨고 나도 솔깃했는데, 시험에 낙방하는 바람에 주교님은 맘을 바꿔 날 이 본당으로 보내셨죠. 사실 그건 좀 부당했어요. 왜냐하면 …."

바야흐로 그는 화가 납니다. 거기 극복하지 못했던 분노가 있는 겁니다. 그 좌절감을 돌파해야 합니다. 그에게 설교를 늘어놓는 건 쓸데없는 일, 무슨 아이디어를 제시하는 건 부질없는 짓입니다. 분노와 좌절을 직면하게 하고 그 모든 것에 대한 통찰을 얻게 해야 하는 것입니다. 그것을 돌파할 수 있을 때 그는 다시 삶으로 돌아오는 것입니다. 내가 훈계나 그의 본당 형제자매들이 얼마나 열심히 일하고 있는지 이야기했다면 그에게 죄책감만 느끼게 했겠죠. 자신을 치유할 자기 통찰, 이것이 첫째로 할 일입니다.

또 하나 큰 과제가 있는데, 이해입니다. 그렇게 되면 행복하리라고 정말 그렇게 생각했나요? 행복할 것이라고 추측했던 것은 아닌가요? 왜 신학교에서 가르치고 싶었나요? 행복해지고 싶어서였죠. 교수가 되어 어떤 지위와 특권을 가지는 게 행복한 일일 거라고 당신은 생각했죠. 그럴까요? 거기에 이해가 요구되는 겁니다.

밀어붙이지 마라

예수님의 행동을 묵상하고 외적으로 본받는 것은 도움이 되지 않습니다. 문제는 예수님을 본받는 것이 아니라 예수님 같은 사람이 되는 일입니다. 그리스도가 되는 것이고, 깨닫는 것이고, 자기 안에서 일어나는 일을 이해하는 것입니다. 자기 변화를 위해 우리가 사용하는 그 밖의 모든 방법은 자동차를 미는 것에 비할 수 있겠습니다.

먼 도시로 여행을 해야 한다고 합시다. 도중에 차가 고장이 납니다. 차가 고장 나다니 딱한 노릇이지요. 소매를 걷어 올리고 차를 밀기 시작합니다. 밀고, 밀고, 또 밀고, 마침내 그 먼 도시에 도착할 때까지 밉니다. "야, 다 왔구나!" 그러고 나서는 차를 또 다른 곳까지 줄곧 또 밀고 갑니다! "자, 다 왔잖아!"

하지만 이런 게 삶이라고요? 무엇이 필요한지 아시죠? 전문가가 필요합니다. 보닛을 열고 점화 플러그를 바꿔 끼울 기술자가 필요합니다. 그러고 나서 시동을 걸면 차가 움직입니다. 전문가(이해, 통찰, 깨달음)가 필요하지, 밀 필요는 없습니다. 노력이 필요한 게 아닙니다. 바로 그 때문에 사람들이 그처럼 피로하고 지치는 겁니다. 여러분이나 나나 그렇게 훈련을 받아서 우리 자신에 대해 불만을 품는 데 이골이 나 있습니다. 바로 거기서 심리적으로 모든 악이 나옵니다. 우리는 언제나 불만스럽습니다. 언제나 미흡합니다. 언제나 밀어붙입니다. 계속해, 더 노력해, 좀 더, 또 좀 더. 그러나 그래서는 언제나 내면에 갈등이 있는 것입니다. 이해는 매우 조금밖에 없는 것입니다.

현실 자각

내 일생의 경사스런 날이 인도에서 있었습니다. 진실로 소중한 날이었는데, 바로 내가 서품받은 다음 날이었습니다. 나는 고해실에 앉아 있었습니다. 우리 본당에 매우 거룩한 예수회 사제 한 분이 계셨는데, 내가 예수회 수련원으로 오기 전에 이미 알고 있던 스페인 사람이었습니다. 수련원으로 떠나기 전날, 수련원에 가서 수련장님께 아무것도 이야기하지 않아도 되도록 마음을 깨끗이 정리하는 게 좋겠다고 생각했습니다. 이 노인 신부님의 고해실 앞에는 많은 사람이 줄을 서곤 했는데, 신부님은 보라색 손수건으로 눈을 가린 채 웅얼웅얼 보속을 주고 사람들을 내보내곤 하셨습니다. 단 두 번 만났을 뿐인데도 그분은 나를 앤소니라고 부르셨습니다. 어쨌든 나도 줄을 섰는데, 내 차례가 오자 나는 고백을 하면서 목소리를 바꾸려고 애를 썼습니다. 그런데 고백을 인내심 있게 듣고 보속을 주고 죄를 사해 준 다음 그분은 말씀하시더군요. "앤소니, 수련원엔 언제 가지?"

자, 아무튼, 나는 서품받은 다음 날 이 본당으로 왔습니다. 그런데 노인 신부님이 내게 말씀하셨습니다. "고해성사를 주겠나?" "그러죠." "내 고해실에 가서 앉게." 나는 생각했습니다. "이런, 내가 거룩한 사람이로군. 그분의 고해실에 앉다니."

나는 세 시간 동안 고백을 들었습니다. 성지주일이라 부활 판공성사를 보려는 사람들로 붐볐습니다. 나는 우울해져서 나왔는데, 들은 고백 때문은 아니었습니다. 나도 이미 예상했던 것이고 어느 정도는 나 자신의 마음속에서 일어나고 있던 일의 반향이었으니까요. 어떤 고백에도 충격받지는 않았습니다. 무엇이 나를 우울하게 했는지 아십니까? 내가 상투적인 경건한 말 몇 마디밖에는 해 주지 않고 있다는 자각이었습니다. "성모님께 기도하십시오. 그분은 당신을 사랑하십니다." "하느님께서 당신과 함께 계심을 기억하십시오." 이런 경건한 상투어들이 암을 조금이라도 치유할까요? 내가 다루고 있는 이것이야말로, 깨달음과 현실의 결핍이야말로 암인 것입니다. 그날 나는 스스로 굳게 맹세했습니다. "배우리라. 배우리라. 그래서 일이 끝날 때면 '신부님이 해 주신 말씀은 절대로 옳지만 전혀 소용이 없습니다'라는 말이 나에게 해당되지는 않도록 하리라."

깨달음과 통찰의 전문가가 되려고 — 여러분은 곧 전문가가 되겠죠 — 심리학 과정을 이수할 필요는 없습니다. 자신을 관찰하기 시작할 때, 자신을 살펴보기 시작할 때, 저 부정적인 감정들을 끄집어내기 시작할 때, 자기 나름으로 그것을 설명할 길을 발견하게 될 것입니다. 그리고 변화를 알아차릴 것입니다. 그때는 덩치 큰 악당을 다루어야 할 터인데, 그 악당은 자기 비난, 자기 혐오, 자기 불만입니다.

적절한 표상들

변화에는 노력이 필요 없다는 데 대해 좀 더 이야기해 보겠습니다. 적절한 표상을 하나 생각해 보았는데, 돛단배가 그것입니다. 돛단배가 항해 중에 힘찬 바람을 만나면 하도 매끄럽게 미끄러져서 뱃사람은 키를 돌리는 것 말고는 할 일이 없습니다. 아무런 수고도 하지 않습니다. 배를 저어 밀지도 않습니다. 그것은 깨달음을 통해, 이해를 통해 변화가 올 때 일어나는 일의 한 표상입니다.

내 노트들을 훑어보니 내가 말해 온 것과 잘 들어맞는 인용문들이 더러 발견되더군요. 하나 들어 보십시오. "자연처럼 잔인한 것은 없다. 온 우주 안에 자연을 벗어날 길은 없다. 그러나 해치는 것은 자연이 아니라 사람 자신의 마음이다." 알아듣겠습니까? 해치는 것은 자연이 아니라 사람 자신의 마음입니다. 층계에서 굴러 떨어져 심하게 부딪힌 패디 이야기가 있습니다. "떨어져서 다쳤니, 패디?" "아니, 멈추어서 다쳤어. 떨어져서 다친 건 아냐." 칼로 물 베기라는 말도 있습니다. 단단한 게 칼에 썰립니다. 내면에 경직된 태도, 고정된 환상이 있으면 그것이 자연과 충돌합니다. 거기가 상처 입는 곳입니다. 거기가 고통이 생겨나는 곳입니다.

멋진 표현이 있는데, 누군지 기억은 안 나지만 어느 동양 현자의 말입니다. 성경도 그런 것처럼 저자는 중요하지 않습니다. 그 뜻이 중요합니다. "눈에 장애가 없다면 결과는 시각이요, 귀에 장애가 없다면 결과는 청각이며, 코에 장애가 없다면 결과는 후각이요, 입에 장애가 없다면 결과는 미각이며, 마음에 장애가 없다면 결과는 지혜다."

지혜는 개념과 조건화로 쌓은 장벽을 허물 때 생겨납니다. 지혜는 습득되는 것이 아닙니다. 경험이 아닙니다. 어제의 환상을 오늘의 문제에 적용하는 것이 아닙니다. 시카고에서 심리학을 공부할 때 누군가가 내게 말했던 것과 같습니다. "흔히 사제의 일생에서 오십 년 경험이란 쉰 번 되풀이되는 일 년 경험이다." 과거에 의지해 똑같은 해답을 구하는 겁니다. 이런 식으로 알코올 중독자를 다루고 있습니다. 이런 식으로 사제를, 수녀를, 이혼자를 다루고 있습니다. 이것은 지혜가 아닙니다. 지혜란 과거에서 넘어온 어떤 것에도 영향을 받지 않고, 과거의 경험에서 어떤 찌꺼기도 넘겨받지 않으면서, 지금의 이 상황, 이 사람에게 민감해지는 것입니다. 이것은 사람들이 습관적으로 생각하고 있는 것과는 전혀 다른 것입니다. 방금 읽은 문장들에다가 한 문장 더하고자 합니다. "마음에 장애가 없다면 결과는 사랑이다." 사랑에 대해서는 실제로 말할 수 있는 것이 없다고 하고서도 이 며칠 동안 사랑에 대해 많은 말을 해 왔습니다. 우리는 사랑이 아닌 것에 대해서만 말할 수 있을 따름입니다. 탐닉에 대해서 말할 수 있을 뿐입니다. 사랑 자체에 대해서는 아무것도 명료하게 말할 수 없습니다.

자제력 상실

자제력을 이해하려면 약물에 맛 들인 아이를 생각해 보십시오. 약이 몸에 스며들고, 아이의 온 존재가 약을 달라고 외칩니다. 약 없이는 견딜 수 없어 차라리 죽는 게 나을 것 같습니다. 이 이미지(마약 중독)를 생각해 보십시오. 우리가 태어나자 사회가 행한 것이 이런 것입니다. 삶의 알찬 영양식(일, 놀이, 재미, 웃음, 사람들과의 사귐, 감각과 정신의 즐거움 등)을 즐기는 것이 허용되지 않았습니다. 칭찬, 인정, 주목이라는 마약의 맛만 주어진 것입니다.

A.S. 닐이라는 훌륭한 분의 말을 인용하겠습니다. 『서머힐』의 저자인 닐은 말합니다. "항상 부모 주변을 맴도는 것이 병든 아이의 표지다. 사람들에게 관심을 가지는 것이다. 건강한 아이는 사람들에게 관심이 없다. 사물에 관심을 가진다. 아이가 어머니의 사랑을 확신할 때는 어머니를 잊는

다. 세상을 탐험한다. 호기심이 있다. 입에 넣으려고 개구리를, 그런 사물들을 찾는다. 아이가 어머니 주변을 맴돌 때 그것은 나쁜 징조다. 안전하지 않은 것이다. 어머니는 아이에게서 사랑을 빨아내려 했을 것이며 아이가 바라는 모든 자유와 확신을 주지 않았을 것이다. 어머니는 언제나 아이를 여러 교묘한 방법으로 저버릴 위험이 있었던 것이다."

우리는 온갖 약물중독에 맛 들였습니다. 칭찬받고, 주목받고, 일등 하고, 성공하고, 특혜를 누리고, 신문에 이름이 실리고, 권력을 얻고, 우두머리가 되고 등등. 팀 주장, 밴드 대장 같은 것에 맛 들였습니다. 이런 마약을 맛보고 중독되어 그걸 잃을까 봐 두려워하기 시작했습니다. 여러분이 느낀 자제력 부족, 실패나 실수를 예견하고, 남들의 비판을 예견해서 느낀 두려움을 상기하십시오. 그래서 간절히 남들에게 의지하고 자유를 잃게 된 것입니다. 남들이 이제는 나의 행·불행을 좌우하는 힘을 가진 거죠. 마약들을 갈망하지만 여기 내포된 고통을 미워하며 그만큼 스스로는 속수무책인 것입니다. 의식적으로든 무의식적으로든 남들의 반응에 주의하며 그들의 북장단에 맞춰 행진하지 않는 때라곤 한순간도 없습니다. 깨친 사람에 대한 좋은 정의가 있습니다. 사회의 북소리에 맞춰 행진하지 않게 된 사람, 내면에서 솟아나는 음악의 선율에 맞춰 춤추는 사람입니다. 무시당하거나 인정받지 못하면 견딜 수 없이 외로움을 느껴, 사람들 뒤로 다가가서는 지지와 격려와 재확인이라는 위안의 약을 구걸하게 되는 그런 상태로 사람들과 함께 산다는 것은 끝없는 긴장을 내포합니다. "타인은 지옥"이라고 사르트르는 말했습니다. 얼마나 옳은 말입니까! 이런 의존 상태에서는 항상 최선의 처신을 유지해야 합니다. 머리 손질도 안 한 채 늘어뜨리고 있을 수는 없습니다. 남의 기대에 맞추어 살아야 합니다. 사람들과 함께 살면 긴장 속에서 살게 되고, 사람들이 없으면 그리워서 쓸쓸하고 괴로워집니다. 약을 얻으려는 데 지각이 가리어, 사람들을 있는 그대로 보고 정확히 반응할 능력을 잃게 됩니다. 약을 얻는 데 도움이 되는 존재냐 아니면 약을 앗아 갈 위험이 있는 존재냐로만 사람들을 보는 것입니다. 의식적이든 무의식적이든 언제나 여러분은 사람들을 이런 눈으로 보고 있습니다. 그들에게 내가 원하는 것을 얻을까 못 얻을까? 내 약에 도움도 위협도 되지 않는 사람들에게는 관심조차 없습니다. 말하기 끔찍하지만, 이 말이 적용되지 않을 사람이 여기 과연 있을지 모르겠습니다.

사랑의 세계

사람들이 무엇을 주거나 앗아 갈 수 있다는 환상을 실제로 떨쳐 버렸다면 우리는 생기발랄할 것입니다. 그렇지 못할 때 결과는 두려움과 탈출 능력의 상실로 나타납니다. 우리는 사랑하는 능력을 잃고 있습니다. 사랑하고 싶다면 볼 줄 알아야 합니다. 보고 싶다면 마약을 버릴 줄 알아야 합니다.

그렇게 단순합니다. 의존을 버리십시오. 여러분의 존재를 가두어 숨통을 막아 온 사회의 촉수들은 떼어 버리십시오. 떨쳐 버려야 합니다. 외적으로는 매사가 여전하겠지만, 계속 세상 안에 있더라도 이미 세상의 사람은 아닐 것입니다. 완전히 혼자가 된다면 마음속에서는 마침내 자유로울 것입니다. 마약에 대한 의존이 사라질 것입니다. 굳이 사막으로 갈 것도 없습니다. 사람들 가운데서도 올바르며, 사람들을 한없이 즐기는 겁니다. 그들은 여러분을 행복하게 하거나 불행하게 할 힘이 이미 없습니다. 이것이 홀로 있음입니다. 이 고독 속에서 의존은 사라집니다. 사랑하는 능력이 태어납니다. 남들을 자기중독의 충족 수단으로 보지 않게 됩니다. 그 과정의 두려움은 시도해 본 사람만이 압니다. 마치 죽으려고 환장한 것 같습니다. 가엾은 약물 중독자에게 이제껏 알아 온 유일한 행복을 포기하라고 요구하는 것입니다. 어떻게 그 맛을 빵과 과일의 맛, 아침 공기의 신선한 맛, 계곡 물의 시원한 맛과 바꿀까요? 금단 증상과 싸우는 동안은, 체내에서 약 기운이 사라졌다는 걸 겪으며 공허감과 씨름하는 동안은, 그 약 말고는 아무것도 그 공허감을 채울 수 없습니다. 인정해 주는 한마디 말이나 누군가의 어깨에 기대 위로받기를 거부하는 그런 삶을 상상할 수 있습니까? 정서적으로 누구에게도 의지하지 않는, 그래서 아무도 자기를 행복하거나 불행하게 할 힘이 없어진 그런 삶을 생각해 보십시오. 특정인을 필요로 하거나 특별히 대하거나 자기편으로 삼기를 거부하는 겁니다. 공중의 새들도 보금자리가 있고 여우들도 굴이 있건만 자기 인생 여로에 머리를 기댈 곳조차 마다하는 것입니다. 언젠가 이런 상태에 도달한다면, 두려움이나 욕망으로 가려지지 않는 밝은 눈으로 본다는 것이 무슨 뜻인지를 알 것입니다. 이 말은 낱말마다 계산된 말입니다. 두려움이나 욕망으로 가려지지 않은 밝은 눈으로 본다는 것. 사랑한다는 것이 무슨 뜻인지 알게 되는 것입니다. 그러나 사랑의 세계에 당도하기 위해서는 죽음의 아픔을 거쳐야 합니다. 사람들을 사랑한다는 것은 사람들이 필요하다는 것에 죽는 것이고 전적으로 홀로 있는 것입니다.

멋진 이야기로 이 부분을 마무리하겠습니다. 불붙이는 기술을 발명한 사람이 있었습니다. 그는 불붙이는 도구들을 가지고, 몹시 추운 북쪽의 한 부족에게 가서 불붙이는 법을 가르쳤습니다. 사람들은 큰 관심을 쏟았습니다. 그는 불의 용도(요리와 난방 등)도 보여 주었습니다. 그들은 불붙이는 기술을 배운 것이 무척 고마웠습니다. 그러나 미처 그들이 감사를 표하기도 전에 그는 사라져 버렸습니다. 그들의 인정이나 감사에는 관심이 없었습니다. 그들의 복지에만 관심을 기울였던 겁니다. 그는 다른 부족에게 가서 다시 그 발명의 가치를 보여 주었습니다. 거기서도 사람들의 관심은 대단했는데, 그곳 사제들의 마음의 평화를 위해서는 좀 지나친 관심이었던지, 사제들은 이 사람이 군중을 끌어 모으고 자기들은 인기를 잃고 있음을 알아차리기 시작했습니다. 그를 제거하기로 했습니다. 옥에 가두었다든지, 십자가에 못 박았다든지, 표현은 마음대로 하십시오. 이제 사제들은 사람들이 들고 일어날까 봐 두려웠습니다. 그처럼 매우 영리하고 교활하기까지 했습니다. 그래서 어떻게 했는지 아십니까? 그 사람의 초상화를 만들어 사원의 중앙 제단 위에 두었습니다. 불붙이는 기구들도 초상화 앞에 두고요. 그리고 사람들에게 초상화에 경배하고 불붙이는 기구들에 경의를 표하도록 했습니다. 여러 세기 동안 의무적으로 그 일을 했습니다. 경배와 예배는 계속되었지만 불은 없었습니다.

불은 어디 있습니까? 사랑은 어디 있습니까? 체제에서 근절된 마약은 어디 있습니까? 자유는 어디 있습니까? 이것이 영성의 모든 관심사입니다. 비극적이게도, 우리는 이것을 보는 눈을 잃어 가고 있지 않습니까? 이것이 예수 그리스도에 관한 모든 일입니다. 우리는 "주님, 주님"을 지나치게 강조하지 않았습니까? 불은 어디 있습니까? 예배가 불로 이끌지 못한다면, 숭배가 사랑으로, 전례가 현실에 대한 더 명료한 지각으로, 하느님이 생명으로 이끌지 못한다면, 종교란 더 많은 분열과 더 많은 광신과 더 많은 적대를 낳는 것 말고 무슨 소용이 있을까요? 세상이 고통을 겪고 있는 것은 통상적인 의미로 종교라는 게 없어서가 아닙니다. 사랑이 없고 깨달음이 없기 때문입니다.

악의 뿌리는 자기 안에 있다는 이 진리를 문득 깨닫는 사람들을 나는 여기저기서 만납니다. 이것을 이해하기 시작할 때, 자신에 대한 요구와 기대들을 멈추고, 자신을 밀어붙이기를 멈추고, 이해하게 됩니다. 건전한 좋은 음식을 섭취하십시오. 실제로 먹는 음식 이야기가 아닙니다. 저녁노을, 자연, 좋은 영화, 좋은 책, 즐거운 일, 유쾌한 사귐 말입니다. 바라건대 저 다른 느낌의 중독은 끊어 버리시기를.

자연과 접할 때 혹은 사랑하는 일에 몰두할 때 어떤 느낌입니까? 매달림 없이 터놓고 친밀하게 함께 있는 것이 즐거운 사람과 진정으로 대화 할 때는, 그런 때는 어떤 느낌이 듭니까? 그런 때의 느낌을 다른 때의 느낌과 비교해 보십시오. 논쟁에서 이길 때, 경주에서 이길 때, 유명해질 때, 인기를 얻을 때, 자자한 칭송을 받을 때 등등. 나는 후자를 세상 느낌, 전자를 영혼 느낌이라 부릅니다. 수많은 사람이 세상을 얻고 영혼은 잃습니다. 수많은 사람이 영혼 없는 공허한 삶을 삽니다. 인기, 인정, 칭찬, "나도 오케이, 너도 오케이"를 음식 삼기 때문입니다. "날 봐 다오, 날 좀 보소, 날 지지해 다오, 날 높이 평가해 다오"를 양식으로 삼기 때문입니다. 여러분도 그런 것을 먹고 삽니까? 그렇다면 죽은 것입니다. 영혼을 잃은 것입니다. 다른 더 좋은 영양을 섭취하십시오. 그러면 변화를 볼 것입니다. 내가 여러분에게 삶을 위한 온전한 설계를 제시해 드린 것 아닙니까?

행복한 삶으로의 초대

잃는 것과 얻는 것

사람이 온 세상을 얻고도 제 목숨을 잃으면 무슨 소용이 있겠느냐?

_마태 16,26

누군가 여러분을 칭찬할 때, 인정하고, 받아들이고, 갈채를 보낼 때 느낌을 떠올려 보세요. 그 느낌을 해돋이나 해넘이 같은 자연을 바라볼 때, 또는 좋아하는 책을 읽거나 영화를 볼 때 여러분 안에서 일어났던 느낌과 비교해 보십시오. 이러한 느낌을 음미해 보고 앞서 말한 느낌, 즉 칭찬받을 때 느꼈던 느낌과 비교해 보십시오. 첫 번째 느낌은 자부심이나 자기도취적인 마음에서 나온 것임을 깨닫기 바랍니다.

이는 세속적인 느낌입니다. 두 번째 느낌은 자아 완성에서 오는 것이며, 영혼의 느낌입니다.

또 하나 대조되는 느낌이 있습니다. 성공했을 때, 무엇을 이루었을 때, 정상을 차지했을 때, 경기나 내기나 논쟁에서 이겼을 때 생기는 느낌을 떠올려 보십시오. 이 느낌을 직업이나 몰두하고 있는 일이나 지금 하고 있는 활동을 진정으로 즐길 때 생기는 느낌과 비교해 보십시오. 그리고 다시 한 번 세속적인 느낌과 영혼의 느낌이 가진 질적인 차이를 알아차리기 바랍니다.

또 다른 대조되는 느낌도 있습니다. 권력이 있었을 때, 누군가의 상사였을 때, 사람들이 여러분을 우러러보고 명령에 따랐을 때, 또는 인기를 누리고 있었을 때 어떤 느낌이었는지 떠올려 보십시오. 그리고 이 세속적인 느낌을 친밀과 우호의 느낌, 말하자면 벗이나 기쁨과 웃음이 있는 집단과 교제할 때 누릴 수 있는 느낌과 비교해 보십시오.

그리고 나서 세속적인 느낌, 즉 자아도취나 자부심이 가진 본성을 이해하려고 노력해 보십시오. 이런 느낌은 자연스러운 것이 아닙니다. 사회나 문화가 우리를 더 생산적이고 통제하기 쉬운 사람으로 만들기 위해 조작해 낸 것입니다. 이 느낌은 우리가 자연을 관조할 때나, 벗들과 즐겁게 지낼 때나, 일을 즐길 때 생기는 자양분이나 행복을 만들어 내지 못합니다. 전율, 흥분, 그리고 공허함을 만들어 낼 뿐입니다.

하늘 나라가 가까이 왔다

회개하여라. 하늘 나라가 가까이 왔다.
_마태 4,17

아무리 채널을 돌려도 한 방송만 나오는 라디오를 가지고 있다고 상상해 보십시오. 게다가 음량도 조절할 수 없습니다. 때로는 겨우 들릴락말락, 때로는 너무 시끄러워 고막이 찢어질 지경입니다. 더구나 라디오를 꺼 버릴 수도 없습니다. 어떤 때는 느릿느릿 말하다가도, 좀 쉬거나 잠자려고 하면 갑자기 큰 소리로 떠들어 대기 시작합니다. 누가 이런 라디오를 참고 내버려 둘 수 있겠습니까? 그런데 우리는 마음이 이런 어처구니없는 행동을 하는데도 그것을 참을 뿐만 아니라, 정상적이고 인간적이라고까지 합니다.

감정에게 농락당하는 그 많은 시간을 생각해 보십시오. 분노의 고통과 우울과 근심을 겪었던 그 순간들은, 아직 가지지 못한 것을 가지려고 하거나, 이미 가진 것을 지키려고 하거나, 원하지 않는 것을 피하려고 하기 때문에 생긴 것들이었습니다. 사랑에 빠지거나 거절당하고 질투를 느끼고 있다면 마음은 갑자기 이 한 가지 일에 쏠리게 되고, 삶이라는 잔치가 쓰디쓰게 느껴질 것입니다. 선거에서 이기려고 온 힘을 쏟고 있을 때, 이 싸움의 소음 속에서 새들의 노래 소리를 듣는 것은 불가능합니다. 여러분의 야망이 다른 모든 소리를 묻어 버립니다. 중병에 걸린 것 같거나 사랑하는 사람을 잃을 것 같은 상황에 직면하면, 다른 어떤 것에도 집중할 수가 없습니다.

간단하게 말해, 무엇에 집착하는 순간 사람의 마음이라고 불리는 이 사랑스러운 기관은 고장 나고 맙니다. 라디오를 고치려면, 라디오의 원리에 대해 공부해야 합니다. 마음을 고치려면, 자유를 주는 네 가지 진리에 대해 진지하고 오래 생각해야 합니다. 먼저 여러분을 괴롭히거나, 여러분이 매달리는, 또는 두려워하거나 갈망하는 집착 중에서 하나를 고르십시오. 그리고 그 집착을 마음속에 기억하면서 다음의 네 가지 진리에 귀를 기울여 보세요.

첫째 진리: 집착과 행복 중에서 하나를 선택해야 합니다. 둘 다 가질 수는 없습니다. 집착을 선택하는 순간, 마음은 빗나갑니다. 즐겁고, 마음 편하고, 평온한 삶을 영위하려는 능력은 망가집니다. 여러분이 택한 집착에 대입시켜서 이것이 얼마나 옳은 진리인지 확인해 보십시오.

둘째 진리: 집착은 어디에서 왔습니까? 태어나면서 가지고 온 것은 아닙니다. 그것은 사회와 문화가 여러분에게 한 거짓말, 또는 자신에게 했던 거짓말에서 비롯되었습니다. 이러저러한 것 없이는, 이러저러한 사람 없이는 행복할 수 없다고 하는 거짓말에서 생겨난 것입니다. 눈을 똑바로 뜨고 이 말이 얼마나 거짓인지 보십시오. 이 세상에는 여러분이 추구하는, 그것 없이는 살 수 없다고 믿고 있는 그런 사물이

나 사람, 또는 그런 상황 없이도 얼마든지 행복하게 사는 사람들이 많습니다. 이제 선택하십시오. 집착입니까, 아니면 자유와 행복입니까?

셋째 진리: 충만하게 살아 있는 삶을 원한다면 사물의 경중을 가려 보는 감각을 개발해야 합니다. 마음이 집착해 거기에 힘을 쏟고 그리하여 여러분을 뒤흔들어 놓는 그런 사소한 것보다 삶은 훨씬 큰 것입니다. 그렇습니다. 집착의 대상들은 정말 사소한 것들입니다. 여러분이 오래오래 살아서 하루 정도는 문제되지 않게 된다면, 그 하루는 수월하게 다가올 것입니다. 그러한 날들은 기억에 남지도 않는다는 것은 경험으로도 알 수 있습니다. 오늘 비로소 기억해 내었듯이, 과거에 여러분을 그토록 괴롭혔던 그 많은 사소한 것들이 이제는 더 이상 티끌만큼도 영향을 주지 못하는 경험 말입니다.

그러므로 넷째 진리는 외부의 어떤 사물이나 사람도 여러분을 행복하게 하거나 불행하게 할 힘이 없다는 필연적인 결론으로 이끌어 갑니다. 이 사실을 알든 모르든 행복이나 불행을 결정할 수 있는 것은, 주어진 상황에서 집착할 것인가 말 것인가를 결정할 수 있는 것은 여러분, 바로 여러분입니다.

무엇을 해야 할까요?

스승님, 제가 영원한 생명을 얻으려면 무슨 선한 일을 해야 합니까?
_마태 19,16

음악회에서 감미로운 선율에 심취해 있다가 갑자기 자동차 문을 잠그지 않았다는 사실이 생각났다고 합시다. 차는 걱정이 되고 밖으로 나갈 수도 없고, 이제 더 이상 음악을 즐길 수 없게 됩니다. 바로 이런 것이 대부분의 사람들이 꾸려가는 삶의 전형적인 모습입니다.

들을 귀가 있는 사람에게 인생은 교향곡입니다. 그러나 그 음악을 들을 수 있는 사람은 정말로, 정말로 드뭅니다. 왜 그럴까요? 자신이 처한 조건이나 틀이 머릿속에 넣어 주는 소음에 귀 기울이느라고 너무 바쁘기 때문입니다. 집착이라는 것도 있지요. 집착은 삶을 죽이는 주범입니다. 교향곡을 제대로 감상하기 위해서는 오케스트라의 모든 악기에 민감하게 귀 기울여야 합니다. 드럼 소리만 좋아하면, 교향곡을 들을 수 없습니다. 드럼 소리가 다른 악기들의 소리를 가려 버립니다. 드럼이나 바이올린 또는 피아노를 더 좋아할 수는 있습니다. 그것이 나쁜 것은 아닙니다. 어떤 악기를 좋아한다고 다른 악기 소리를 듣고 즐길 수 있는 능력이 손상되는 것은 아닙니다. 그러나 좋아하는 것이 집착으로 변하는 순간, 다른 악기 소리에 무뎌지고 그것들을 무시하게 됩니다. 집착은 특별한 악기에 대해 맹목적이 되게 합니다. 그 악기에 정도에 넘치는 가치를 부여하기 때문입니다.

이제 여러분이 집착하는 사람이나 사물을 바라보십시오. 여러분을 행복하게 혹은 불행하게 할 수 있는 힘을 그 사람이나 사물에게 주었습니다. 이 사람이나 사물을 얻고, 지키고, 즐기는 데 온통 집중해서 다른 사람과 사물들을 얼마나 배타적으로 대하는지 살펴보십시오. 그리고 이 사람이나 사물에 얽매임으로써 그 이외의 세상에 대해 얼마나 둔감해졌는지 보십시오. 여러분은 무뎌졌습니다. 그리고 용기를 내서 이러한 집착의 대상 앞에 얼마나 많은 편견과 맹목적인 믿음을 가지게 되었는지 직시하십시오.

이 사실을 바라볼 때, 모든 집착을 떨쳐 버리고 싶은 갈망을 느끼게 됩니다. 문제는 방법입니다. 포기나 회피는 도움이 안 됩니다. 드럼 소리를 지운다는 것은, 더 강하고 집요하게 드럼 소리에만 집착하게 만듭니다. 필요한 것은 포기가 아니라 이해와 깨달음입니다. 집착이 고통과 슬픔을 안겨 주었다면 그것은 이해하는 데도 도움이 됩니다. 일생에 단 한 번이라도 집착하지 않음에서 오는 자유와 기쁨의 달콤함을 맛본 적이 있다면 그것 역시 도움이 됩니다. 오케스트라의 다른 악기 소리에 의식적으로 귀 기울이는 것도 도움이 됩니다. 드럼 소리를 지나치게 좋아하고 다른 악기 소리에 귀를 막는 것이 얼마나 큰 손실을 안겨 주는지 보여 주는 데는 깨달음만한 것이 없습니다.

치우침이 없다

저희는 스승님께서 올바르게 말씀하시고 가르치시며
사람을 그 신분에 따라 가리지 않으시고,
하느님의 길을 참되게 가르치신다는 것을 압니다.
_루카 20,21

자신의 삶을 살펴보며 얼마나 자신의 공허함을 사람들로 메우고 있는지 보십시오. 그 결과 사람들이 여러분을 완전히 얽어매어 놓고 있습니다. 그들의 찬성과 반대가 얼마나 내 행동을 조종하고 있는지 보십시오. 함께 있음으로써 고독을 달래 주고, 칭찬 한마디로 마음을 높이 날아오르게 하고, 비판과 반대로 깊은 나락에 떨어지게도 합니다. 하루 동안 깨어 있는 순간마다 산 자와 죽은 자들의 비위 맞추기에 허비하고 있는 자신을 바라보십시오. 여러분은 그들의 규칙에 따라 살고, 그들의 기준을 만족시키고, 그들과 어울리고자 애쓰며, 그들의 사랑을 바라고, 그들의 비웃음을 두려워하고, 그들의 칭찬을 갈망하며, 심지어 그들이 심어 주는 죄의식에도 순순히 굴복합니다. 입고 말하고 행동하고 심지어 생각하는 방식조차도 그들을 거스르는 것을 두려워합니다. 그리고 그들을 조종할 때조차 여러분이 얼마나 그들에게 의존하며 노예가 되어 있는지 살펴보십시오.

그 사람들은 이제 여러분의 일부처럼 되어 버려 그들의 영향과 조종을 받지 않고 산다는 것은 상상도 할 수 없습니다. 그들은 여러분이 그들과 관계를 끊고 자유로워지면 섬처럼 고독하고 쓸쓸해지며, 사랑받지 못하게 될 것이라고 믿도록 만들었습니다. 그러나 사실은 정반대입니다. 여러분을 노예로 부리는 사람을 어떻게 사랑할 수 있습니까? 그 사람이 없이는 살아갈 수 없는 사람을 어떻게 사랑할 수 있습니까? 오직 바라고, 필요로 하고, 의존하고, 두려워하고, 조종당할 뿐입니다. 사랑은 대담함과 자유 안에만 있는 것입니다. 어떻게 이 자유를 얻을 수 있을까요? 의존성과 노예성을 공격하십시오. 먼저 깨달아야 합니다. 남에게 의존하는 어리석은 모습을 계속 보게 된다면, 그 의존과 노예 상태는 참을 수 없는 것이 됩니다. 그러나 사람들에게 중독된 사람에게는 깨달음만으로는 충분하지 않을 것입니다. 자신이 좋아하는 일에 매달려야 합니다. 유익함 때문이 아니라 그 자체로 좋아하는 일을 찾아내야 합니다. 성공하든 실패하든, 칭찬을 받든 아니든, 사랑을 받고 보상을 받든 말든, 사람들이 알고 감사를 하든 말든, 그 자체로 좋아하는 무언가를 생각해 보십시오. 삶에서 단지 즐겁고 영혼을 사로잡는 것이기 때문에 전념하는 활동이 몇 가지나 됩니까? 찾아보십시오. 거기에 몰두해 보십시오. 그것이야말로 자유와 사랑으로 들어가는 통행증입니다.

깨어 있어라

행복하여라. 주인이 와서 볼 때에 깨어 있는 종들!
_루카 12,37

세상 어디서나 사람들은 사랑을 찾고 있습니다. 사랑만이 세상을 구하고, 인생을 의미 있고 살 만한 것으로 만들어 준다고 확신합니다. 그러나 사랑이 정말로 무엇인지, 사랑이 가슴속에서 어떻게 생겨나는지 아는 사람은 별로 없습니다. 흔히 남에 대한 호감이나 자비심, 비폭력, 봉사 등을 사랑과 혼동합니다. 그것들 자체가 사랑은 아닙니다. 사랑은 깨달음에서 나옵니다. 여러분은 기억, 욕망, 상상, 투사投射 속에 있는 누군가가 아니라 지금 여기 있는 그대로의 그 사람을 바라볼 수 있는 그만큼 참으로 사랑할 수 있습니다. 그렇지 않다면 그 사람을 사랑하는 것이 아니라 그 사람에 대해 여러분이 만들어 놓은 관념을 사랑하는 것이거나, 그 사람 자체가 아니라 욕망의 대상으로 사랑하는 것입니다.

사랑의 첫째 행동은 이 사람 또는 사물, 이 실재를 있는 그대로 보는 것입니다. 그렇게 하기 위해서는 욕망·편견·기억·투사·편협한 시각을 버리는 많은 훈련이 필요합니다. 이 훈련이 너무 엄청나서 사람들은 이 고행의 불길을 따르기보다는 맹목적인 선행이나 봉사에 달려듭니다. 어떤 사람을 바라보는 수고를 하지 않고 봉사를 시작한다면 그것은 누구를 위한 봉사입니까? 그 사람인가요, 여러분인가요? 결국 사랑의 첫째 요소는 남을 참되게 바라보는 것입니다.

둘째 요소도 중요합니다. 자신을 바라보는 것입니다. 깨달음의 냉정한 빛으로 자신의 동기를 비추어 보는 겁니다. 자신의 감정, 욕구, 부정직, 이기주의, 남을 조종하고 조작하려는 경향을 살펴보는 것입니다. 이것은 사물들을 본래의 이름으로 부르는 것을 의미합니다. 그 발견이, 또 그 발견의 결과를 받아들이는 것이 아무리 고통스럽더라도 말입니다. 자신과 타인에 대한 이러한 깨달음을 얻는다면 사랑이 무엇인지 알게 될 것입니다. 깨어 있고 조심성 있고 맑고 민감한 정신과 마음을 가지게 되며, 모든 상황, 모든 순간에 정확하고 적절히 대응할 수 있게 하는 맑은 감각과 감수성을 지니게 될 것입니다. 때로는 어쩔 수 없이 억지로 행동하기도 하고, 제지를 당하고 자제하기도 해야 할 것입니다. 남을 무시하기도 하고, 남들의 요구에 귀 기울이기도 할 것입니다. 점잖게 양보하기도 하고, 타협 없이 강하게 자기 주장을 굽히지 않고 폭력적이기까지 할 것입니다. 감수성에서 나오는 사랑은 예측할 수 없는 수많은 형태로 나타납니다. 미리 짜여진 지침이나 원칙에 따라 반응하는 것이 아니라 현재의 구체적인 실재에 따라 반응하기 때문입니다. 이런 감수성을 처음 경험할 때 두려움을 느낄 수도 있습니다. 여러분이 의지했던 모든 것이 무너지고, 부정직이 드러나며, 둘러싸 주었던 보호벽은 불타 없어질 것이기 때문입니다.

눈을 빼어 버려라

네 손이 너를 죄짓게 하거든 그것을 잘라 버려라.
두 손을 가지고 지옥에 그 꺼지지 않는 불에 들어가는 것보다,
불구자로 생명에 들어가는 편이 낫다.
네 눈이 너를 죄짓게 하거든 그것을 빼 던져 버려라.
두 눈을 가지고 지옥에 던져지는 것보다,
외눈박이로 하느님 나라에 들어가는 편이 낫다.
_마르 9.43. 47

맹인들을 대하다 보면 그들은 여러분이 알지 못하는 실재들을 감지하는 능력이 있다는 것을 알게 됩니다. 촉각·후각·미각·청각의 세계에 대한 그들의 감수성은 너무도 예민해서 우리가 마치 둔감한 미련퉁이처럼 느껴질 정도입니다. 우리는 시력을 잃은 사람을 동정합니다. 그러나 그들이 가진 다른 감각의 풍부한 능력은 생각하지 못합니다. 보지 못하는 비싼 대가를 치르고 그 풍부한 능력을 얻었다는 것은 애석한 일이지만, 우리가 시력을 잃지 않고도 맹인처럼 생생하고 예민한 세상에 대한 감지력을 가질 수 있다는 것은 충분히 있을 법한 이야기입니다. 그러나 마음속에 집착이라고 부르는 부분을 뿌리 뽑고 잘라 내지 않고서 사랑의 세계에 눈을 뜬다는 것은 불가능하며 생각할 수 없습니다.

이것을 거부한다면 사랑을 경험할 기회를 놓칠 것이며, 인간이라는 존재에 의미를 주는 유일한 것을 놓칠 것입니

다. 사랑은 기쁨과 평화와 자유에 머물 수 있는 여권과 같은 것입니다. 이 세계로 들어가는 것을 가로막는 유일한 장애물이 집착입니다. 집착은 마음속에 있는 갈망을 자극하는 욕망에 불타는 눈과, 팔을 뻗어 움켜쥐고 소유하며 자신의 것으로 만들어 절대 놓치지 않으려는 손에서 생겨납니다. 사랑이 태어나려면 이 눈을 빼어 버리고 이 손을 잘라 버려야 합니다. 잘려 나간 손으로는 더 이상 아무것도 잡을 수 없을 것입니다. 눈이 빠져 버린 빈자리 때문에 이제껏 그것이 있는지조차 알아채지 못했던 '실재'에 민감해집니다.

이제 비로소 여러분은 사랑을 할 수 있게 된 것입니다. 이제까지 여러분이 가지고 있던 것은 착한 마음, 자비심, 동정, 다른 사람에 대한 관심이었습니다. 그것을 사랑이라고 착각했지만, 흔들리는 촛불이 햇빛과 관련이 없듯이, 그것은 사랑과는 별로 공통점이 없습니다.

사랑이란 무엇입니까? 여러분의 안과 밖에 있는 실재의 모든 부분에 대한 감수성이며, 온 마음으로 그 실재에 응답하는 것이 사랑입니다. 여러분은 이 실재를 껴안기도 하고, 공격하기도 하고, 때로는 무시할 것이며, 한편으로는 모든 관심을 쏟기도 할 것입니다. 그러나 어쨌든 여러분은 필요에 의해서가 아니라 감수성에 의해 반응할 것입니다.

집착이란 무엇입니까? 집착은 무언가에 요구하고 매달려 감수성을 흐리게 하고 감각을 무디게 하는 마약입니다. 그러므로 여러분이 어떤 사물이나 사람에 대해 아주 작은 집착이라도 가지고 있는 한, 사랑은 생겨날 수 없습니다. 사랑은 감수성이고, 이 민감한 감수성은 아주 작은 부분이 손상되어도 파괴됩니다. 레이더의 중요한 부품 하나만 고장나도 수신이 잘못되고, 거기에 대한 여러분의 응답도 잘못될 수밖에 없는 것과 마찬가지입니다.

고난과 영광

> 그리스도는 그러한 고난을 겪고서
> 자기의 영광 속에 들어가야 하는 것이 아니냐?
> 루카 24,26

살면서 겪었던 고통스러웠던 일들을 떠올려 보십시오. 그 일들이 여러분을 변화시키고 성장시켜 준 것에 대해 오늘 얼마나 감사하고 있는지 살펴보기 위해서입니다. 바로 여기에 사람들이 발견하지 못하는 단순한 진리가 있습니다. 행복한 일들은 삶을 즐겁게 해 주지만, 자신을 발견하고, 성장하게 하고 자유를 누리게 해 주지는 못합니다. 이러한 특권은 고통을 주는 사물과 사람, 상황만이 가지고 있습니다.

모든 고통스러운 사건은 성장과 자유의 씨앗을 품고 있습니다. 여러분 삶으로 돌아가 이러한 진리의 빛으로 이제껏 감사하게 생각지 않았던 이런저런 사건들을 비추어 보십시오. 발견하지 못해서 활용하지 못했던, 깨닫지 못했던 성장의 잠재력이 있는지 찾아보십시오. 이제 최근에 고통을 주었고 부정적 감정을 불러일으켰던 사건을 생각해 보십시오. 이런 감정을 일으켰던 사람과 사물은 그것이 누구였든, 무엇이었든 여러분의 '스승'이었습니다. 여러분은 몰랐겠지만 그들은 그만큼 여러분 자신을 보게 해 주었습니다. 여러분을 자기 이해, 자기 발견으로 초대하고 도전하게 했으며, 그럼으로써 성장과 생명과 자유로 이끌었습니다.

이제 이 사건이 불러일으킨 부정적 느낌이 무엇이었는지 확인해 보십시오. 걱정, 불안, 질투, 분노, 죄의식 등이 아니었나요? 그 감정은 자신과 자신의 가치관, 세상과 삶을 받아들이는 방식, 무엇보다 감각의 틀과 고정관념에 대해 무엇을 말해 주고 있나요? 그것을 찾아내는 데 성공한다면 지금까지 붙들고 있던 환상을 버리게 되거나, 왜곡된 감각이나 잘못된 믿음을 바로잡거나, 자신의 고통에서 거리를 두는 법을 배우게 될 것입니다. 그 고통이 실재에 의해 생겨난 것이 아니라 자신의 틀에 의해 생겨났음을 깨닫게 될 것입니다. 그리고 문득 부정적 감정과 그 감정을 일으켜 준 사람이나 사물들에게 감사하는 자신을 발견하게 될 것입니다.

이제 더 나아가 자신이 생각하고 느끼고 말하고 행하는 것들 중에서 싫어하는 것들을 바라보십시오. 부정적인 감정, 결점, 약점, 실수, 집착, 신경과민, 고민, 물론 죄까지도 바라보는 것입니다. 이것들 하나하나가 성장을 약속하고, 여러분에게 유익한 것들이며, 여러분의 발전을 위해 필요한 부분이라고 여겨지십니까? 그런 성장이나 발전을 위해 그렇게도 싫어했던 것들 외에 다른 것은 있을 수 없었음을 알 수 있습니까? 그리고 여러분이 남에게 고통을 주고 부정적 감정을 일으켜 주었다면, 그 순간 그 사람에게 자신을 발견하고 성장할 수 있게 하는 씨앗을 제공하는 도구, 즉 스승이 되었음을 알겠습니까? 이 모두가 복된 잘못이며, 필요한 죄이고, 자신과 세상에게 큰 유익을 가져다준다는 사실을 보게 될 때까지 이 관찰을 계속해 낼 수 있겠습니까?

그럴 수 있다면 여러분 안에는 평화와 감사와 사랑, 모든 것을 받아들이는 마음이 넘쳐흐를 것입니다. 그리고 모든 사람이 찾아 헤매면서도 발견하지 못하는 그것, 모든 인간의 마음속에 감추어진 평온과 기쁨의 원천을 여러분은 이미 찾은 것입니다.

들꽃을 보아라

그러므로 내가 너희에게 말한다.
목숨을 부지하려고 무엇을 먹을까 걱정하지 마라.
하늘의 새들을 눈여겨보아라.
들에 핀 나리꽃들이
어떻게 자라는지 지켜보아라.
_마태 6,25-28 참조

모든 사람이 때때로 '불안'이라고 하는 느낌을 경험합니다. 은행에 잔고가 얼마나 있는지, 얼마나 사랑을 받고 있는지,

자신의 교육적 배경은 괜찮은지 불안을 느낍니다. 아니면 건강이나 나이, 외모 등에 불안을 느낍니다. 그러나 "무엇이 불안하게 합니까?"라는 질문을 받는다면, 정확히 대답하지 못할 것입니다. "사랑을 받지 못했습니다" 또는 "내가 원했던 공부를 하지 못했습니다"라는 대답을 할 것입니다. 이렇게 외적 조건들에 대해 이야기하는 것은, 불안이란 그런 외적인 데서 오는 것이 아니라, 감정의 틀이나 머리가 속삭이는 말에서 생기는 것임을 깨닫지 못하기 때문입니다. 자신의 틀을 바꾼다면, 바깥 세상이 전혀 바뀌지 않아도 불안감은 순식간에 사라질 것입니다. 어떤 사람은 은행에 돈이 전혀 없어도 불안해하지 않는데, 어떤 사람은 억만금이 있어도 불안해합니다. 그 차이는 돈의 액수가 아니라 그들이 가진 틀의 차이 때문입니다. 어떤 사람은 누군가 옆에 없어도 사랑받고 있다는 완전한 안정감을 느끼는데, 어떤 사람은 지극히 독점적이고 배타적인 관계 속에서도 불안해합니다. 이것도 틀의 차이에서 오는 것입니다. 이런 불안감을 잘 다루고 싶다면 다음 네 가지를 잘 연구하고 이해해야 합니다.

첫째, 외적 사물들을 변화시켜서 불안감을 달래려는 것은 소용없는 일입니다. 그 노력이 성공할 수도 있겠지만, 대개는 그렇지 못합니다. 약간 위안을 얻을 수는 있겠지만, 오래 가지는 못합니다. 그러니 외모를 고치거나 돈을 벌거나 사람들에게 사랑을 더 확실하게 얻으려고 힘과 시간을 소비할 필요가 없습니다.

둘째, 첫째 사실이 여러분으로 하여금 정말 문제가 있는 그곳에서 그 문제와 대결하도록 해 준다는 것입니다. 그곳은 바로 머릿속입니다. 여러분이 처한 똑같은 상황에서 전혀 불안을 느끼지 않는 사람을 생각해 보십시오. 실제로 그런 사람이 있습니다. 그러므로 문제는 외부 현실에 있는 것이 아니라, 여러분에게, 여러분의 틀 안에 있습니다.

셋째, 여러분의 틀은 불안한 사람들에게 배운 것입니다. 여러분이 어리고 감수성이 예민하던 시절에, 어른들은 자신들의 행위와 흥분된 반응으로 가르쳤습니다. 때문에 외부 세계가 어떤 일정한 양식에 맞지 않을 때마다 자신 안에 소위 불안이라는 감정적 동요를 일으키게 만들었습니다. 그래서 여러분은 외부 세계를 재정돈하기 위해 가능한 한 모든 일을 해야만 합니다. 돈을 많이 벌고, 더 많은 보장을 얻고, 여러분이 기분 나쁘게 만든 사람들을 달래고 즐겁게 해 주고, 그리고 스스로 불안감을 떨쳐 버리기 위해서 그 모든 일을 해야 합니다. 그렇게 할 필요가 없다는, 그렇게 하는 것이 문제 해결에 아무 도움도 못 된다는, 자신과 자신이 속한 문화가 일으키는 감정적 동요일 뿐이라는 간단한 깨달음을 얻을 때만 여러분은 문제에서 해방될 수 있습니다.

넷째, 미래에 일어날지도 모르는 일 때문에 불안할 때마다 이것을 기억하십시오. 지난 6개월 혹은 1년 사이에 몹시 불안해했지만, 막상 닥쳤을 때 어떻게든 해결할 수 있었던 일을 떠올려 보십시오.

잃은 것과 찾은 것

제 목숨을 얻으려는 사람은 목숨을 잃고,
나 때문에 제 목숨을 잃는 사람은 목숨을 얻을 것이다.
_마태 10,39

죽기를 가장 두려워하는 사람은 살기를 가장 두려워하는 사
람이다, 또는 죽음에서 도망치는 것은 삶에서 도망치는 것
이다라는 말이 가슴에 와 닿은 적이 있습니까?

빛도 없고 통풍도 안 되는 토굴 같은 다락방에 사는 사람
을 생각해 봅시다. 그는 누군가 계단에서 아래층으로 내려
가다가 목이 부러졌다는 이야기를 듣고 무서워서 내려오지
못합니다. 사람들이 길에서 차에 치였다는 소리를 수도 없
이 들어서 찻길도 건너지 못합니다. 길을 건널 수 없다면 어
떻게 큰 바다, 대륙, 상상의 세계를 건너 다른 세계로 갈 수
있겠습니까? 이 사람은 죽음을 피하려고 다락방 구석에 틀
어박혀 있고, 동시에 삶도 피하고 있는 것입니다.

죽음이란 무엇일까요? 상실이며, 소멸이고, 떠나보내는
것이며, 작별입니다. 붙박여 있는 것은 떠나보내기를, 작별
하기를 거부하는 것이며 죽음을 거부하는 것입니다. 의식하
지는 못하더라도, 삶에 저항할 때도 마찬가지입니다.

삶은 늘 움직이고 있는데 여러분은 붙박여 있고, 삶은 흘
러가는데 여러분은 머물러 있으며, 삶은 유연하고 자유로운

데 여러분은 완고하고 얼어 있기 때문입니다. 삶은 모든 것을 실어 가 버리는데 여러분은 안정과 영원을 갈망합니다.

집착하기 때문에 삶을 두려워하고, 죽음을 두려워합니다. 아무것에도 매여 있지 않을 때, 잃는 것을 두려워하지 않을 때, 그때야 비로소 늘 신선하고 활기차고 생기 있는 계곡의 시냇물처럼 자유롭게 흐를 수 있습니다.

친척이나 친구를 잃을 수 있다는 생각만으로도 두려워하는 사람들이 있습니다. 그들은 그것을 아예 생각하지 않습니다. 그들은 좋아하는 이론이나 이념이나 신념에 도전하거나, 잃는 것을 두려워합니다. 혹은 이런저런 소중한 사람이나 장소나 사물 없이는 살 수 없다고 확신하고 있습니다.

여러분이 얼마나 완고하고 무감각한지 측정하는 방법을 알려 드릴까요? 소중히 여기는 사람이나 사물을 잃어버렸을 때 얼마나 고통을 겪는지 관찰해 보십시오. 그 고통과 슬픔은 여러분이 거기에 매달려 있다는 것을 보여 줍니다. 그렇지 않습니까? 사랑하는 사람이 죽거나 친구를 잃어버리는 것을 왜 그렇게 슬퍼합니까? 모든 것은 변하고, 떠나고, 죽는다는 사실을 진지하게 생각해 보지 않았기 때문입니다.

죽음과 상실과 이별은 갑자기 닥칩니다. 모든 것은 결코 변하지 않고 항상 똑같은 모습으로 있을 것이라고 우겨 대는 환상 속의 작은 다락방에서 살기를 여러분은 선택했습니다. 그래서 삶이 갑자기 여러분의 환상을 깨뜨릴 때 쓰라린 아픔을 겪을 수밖에 없습니다.

준비하고 있어라

이르든 늦든 모든 사람의 마음속에는 거룩함, 영성, 하느님 등 어떤 이름으로 부르든, 그러한 것에 대한 욕구가 생기기 마련입니다. 신비가들은 우리 주위의 모든 곳에 존재하는 거룩함에 대해 말합니다. 그 거룩함은 우리가 손만 뻗치면 잡을 수 있습니다. 그리고 그것을 찾기만 한다면, 우리의 삶을 의미 있고 아름답고 풍요롭게 해 줄 것이라고 말합니다. 사람들은 이것이 무엇인지 막연하게 생각하고 있습니다. 그리고 거룩함 혹은 영성이라고 부르는 이 알쏭달쏭한 것을 얻기 위해 무엇을 해야 하는지 알아내려고 책을 읽거나 스승에게 묻습니다. 그들은 온갖 방법과 기술, 영적 훈련과 공식을 총동원합니다. 그리하여 몇 해 동안의 결과 없는 싸움 끝에 용기를 잃고, 무엇이 잘못되었는지 혼란스러워하고 어리둥절해합니다. 결국 기술을 좀 더 꾸준히 연마했더라면, 더 열심하고 더 인내했더라면 이룰 수 있었을 것이라고 자신을 탓합니다. 그런데 '무엇'을 이룬다는 말입니까? 그들은 자기들이 추구하는 이 거룩함이 정확히 무엇인지 모릅니다. 분명히 아는 것은 자신들이 여전히 근심하고, 불안하며, 두려워하고, 걸핏하면 화를 내고, 용서하지 않고, 욕심을 부리며, 야망에 차 있고, 사람들을 마음대로 조종하려 한다는 사실입니다. 그래서 다시 한번 힘을 내어 목적을 달성하기 위해 필요하다고 생각하는 일에 몸을 던집니다.

그들은 멈추어 서서 다음의 간단한 사실 한 가지를 깊이 생각해 보는 일이 결코 없습니다. 그들의 노력은 그들을 어느 곳으로도 이끌어 주지 못한다는 사실 말입니다. 노력은 일을 더 그르칠 뿐입니다. 불을 끄기 위해 불을 사용하면 상황이 더 악화되듯이 노력이 성장으로 이끌어 주지 않습니다. 의지력이든, 습관이든, 기술이든, 영적 훈련이든, 어떤 형태의 노력도 변화로 인도하지 못합니다. 기껏해야 근본적인 병을 눌러 두거나 덮어 둘 뿐입니다.

노력이 행동을 변화시킬 수는 있겠지만, 사람을 변화시키지는 못합니다. "거룩해지기 위해 무엇을 해야 합니까?" 하고 물을 때, 그 질문이 드러내 보여 주는 마음 상태는 어떤 종류인지 생각해 보십시오. 그것은 어떤 물건을 사기 위해 얼마를 지불해야 할지, 거룩함을 얻기 위해 어떤 희생을 치러야 할지, 어떤 수행을 해야 할지, 어떤 명상을 해야 할지 묻는 것과 같은 마음이 아닙니까? 한 여인의 사랑을 얻으려고 외모를 가꾸거나, 신체를 단련하고, 행동거지를 바꾸고, 매력적으로 보일 방법을 연습하는 사람을 상상해 보십시오.

진정으로 다른 이의 사랑을 얻으려면 기술을 연마해서 되는 것이 아니라 어떠한 인격의 사람이 되느냐 하는 것으로 가능해집니다. 사랑은 결코 노력이나 기술을 통해 얻을 수 없습니다. 영성과 거룩함도 마찬가지입니다. 노력한 만큼 얻어지지는 않습니다. 그것은 돈으로 살 수 있는 물건이나, 경쟁해서 획득할 수 있는 상이 아닙니다. 문제는 여러분은 어떤 사람이며, 어떤 사람이 될 것인가입니다.

거룩함은 성취하는 것이 아니고 은총으로 주어지는 것입니다. 은총은 '깨달음', '바라봄', '관찰', '이해'라고 할 수 있습니다. 매일매일 깨달음의 불을 켜고 자신과 주위의 모든 것을 관찰한다면, 조금도 왜곡하거나 덧붙이지 말고 엄밀하게, 거울에 얼굴을 비추어 보듯이 깨달음의 거울에 자신을 비추어 본다면, 이렇게 비추어진 모습을 판단하거나 단죄하지 않고 관찰하기만 한다면, 여러분 안에서 모든 종류의 놀라운 변화가 일어나는 것을 경험하게 될 것입니다. 여러분은 그 변화를 통제할 수도, 발전시키기 위해 계획을 세울 수도, 언제 어떻게 그런 변화가 일어나게 할지 결정할 수도 없습니다. 치유하고 변화시키고 성장하게 해 주는 것은 오직 판단하지 않는 깨달음뿐입니다. 그리고 깨달음이 가진 방식에 의해서, 그것이 정한 때 이루어질 뿐입니다.

그러면 구체적으로 무엇을 깨달아야 할까요? 여러분의 반응과 관계입니다. 여러분은 어떤 사람과 있을 때, 자연과 함께할 때, 어떤 특별한 상황에 처해 있을 때, 긍정적이거나 부정적인 반응을 보입니다. 그 반응들을 연구하고, 그것이 정확히 무엇이며, 어디에서 오는 것인지 관찰하십시오. 그러나 거기에 대해 훈계도 하지 말고, 죄의식을 가지지도 말며, 욕망이나, 바꾸려는 노력은 더욱더 하지 마십시오. 이것이 거룩함을 얻기 위해 해야 할 일의 전부입니다.

정말 깨달음은 여러분이 그토록 바라는 거룩함을 줄까요? 그렇다고 할 수도 있고, 그렇지 않다고 할 수도 있습니다. 결코 알 수가 없습니다. 기술과 노력, 강압을 통해 얻은 것이 아닌 참된 거룩함은 스스로 전혀 인식하지 못하기 때문입니다. 여러분은 거룩함이 자신 안에 있다는 것을 조금도 깨닫지 못할 것입니다. 거룩하고 싶은 욕망조차 사라질 것입니다. 자신이 깨달음을 통해 순간순간 충만하고 행복하며 투명한 삶을 살고 있다는 사실에도 신경 쓰지 않을 것입니다. 잘 살펴보며 깨어 있는 것으로 충분합니다. 이런 상태에서 여러분의 눈은 구세주를 보게 될 것입니다. 그 밖에는 아무것도 볼 수 없습니다. 분명 아무것도 볼 수 없습니다. 안정도, 사랑도, 소속감도, 아름다움도, 권력도, 거룩함도, 그 무엇도 더 이상 문제되지 않을 것입니다.